NA GIRA DA UMBANDA

NOS TOQUES DE ANGOLA E CONGO

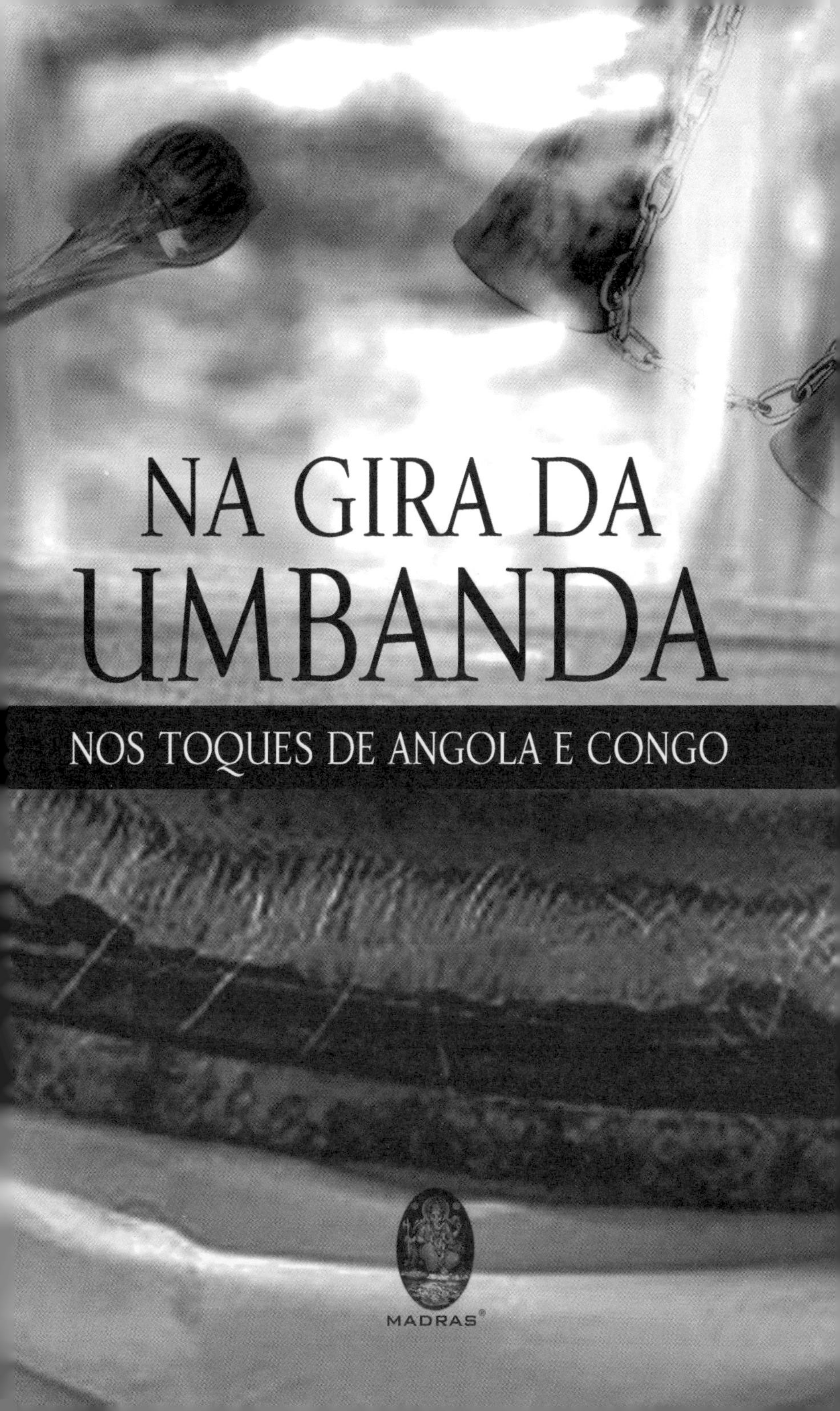

NA GIRA DA UMBANDA

NOS TOQUES DE ANGOLA E CONGO

MADRAS

© 2014, Madras Editora Ltda.

Editor:
Wagner Veneziani Costa

Produção e Capa:
Equipe Técnica Madras

Revisão:
Maria Cristina Scomparini
Renata Brabo

Dados Internacionais de Catalogação na Publicação (CIP)
(Câmara Brasileira do Livro, SP, Brasil)

Sena, Severino
Na gira da umbanda / Severino Sena. -- São Paulo : Madras, 2014.

ISBN 978-85-370-0910-9

1. Atabaque
2. Instrumentos musicais - Aspectos religiosos
3. Ogãs (Umbanda) 4. Religiosidade
5. Umbanda (Culto) I. Título.

14-03508   CDD-299.672

Índices para catálogo sistemático:
1. Ogãs : Cerimônias litúrgicas : Umbanda :

É proibida a reprodução total ou parcial desta obra, de qualquer forma ou por qualquer meio eletrônico, mecânico, inclusive por meio de processos xerográficos, incluindo ainda o uso da internet, sem a permissão expressa da Madras Editora, na pessoa de seu editor (Lei nº 9.610, de 19.2.98).

Todos os direitos desta edição reservados pela

MADRAS EDITORA LTDA.
Rua Paulo Gonçalves, 88 – Santana
CEP: 02403-020 – São Paulo/SP
Caixa Postal: 12183 – CEP: 02013-970
Tel.: (11) 2281-5555 – Fax: (11) 2959-3090
www.madras.com.br

Palavra do Autor

Olá, meus irmãos. Este livro foi pensado para ajudar os irmãos de terreiros que precisam tocar e cantar os diversos pontos e toques de Angola e Congo. Aqui, passamos diversas formas de tocá-los, pois cada toque é apresentado primeiramente pela base de cada toque e depois passamos aos repiques, e, na sequência, às formas diferentes de tocá-los, mas sempre respeitando o tempo e a ginga da base original. Não queremos aqui ter a pretensão ou arrogância de dizer se esta forma é a certa ou a outra é a errada, só informaremos que é mais uma forma de tocar e cantar o Angola e Congo.

Procuramos colocar uma maneira de se tocar tranquilo, sem forçar demais uma mão ou outra. É uma fórmula que já existe há muito tempo, a qual executamos em nossas aulas práticas há mais de 20 anos, e tem dado certo. Você pode alterar e alternar uma mão ou outra e tudo bem, não tem problema. Lembre-se de que não existe a verdade nesta história, é só uma forma de tocar.

Você pode encontrar neste livro também alguns pontos que são cantados e tocados em outros toques, também digo que não tem problema, é só respeitar o toque que estiver sendo praticado, pois o que não pode é tocar no Ijexá e cantar no Barra-vento, mesmo que, ainda assim, a gente consiga, mas o correto é, se for tocar num toque, use a melodia e ginga daquele toque.

Acompanhando este livro há um CD em MP3 com todos os pontos aqui colocados. Nesse CD consta também a melodia de cada toque, como tocá-lo e também as variações, para facilitar a vida dos Ogãs que queiram tocá-los, ajudando até quem queira aprender esses maravilhosos toques e que tanto encantam em nossos terreiros.

Fica aqui o meu muito obrigado a todos, e peço que meu Pai Oxóssi plante em todos a semente do conhecimento, Mãe Obá faça germinar e minha Mãe Oxum a concentre em vossa mente, e que os Erês façam com que sejam transmitidas com muita alegria.

Severino Sena

Índice

Apresentação 9
Composição dos Atabaques no Terreiro 15
Explicações de Sinais 19
Angola 22
    Início do Toque 22
    Sequência do Toque 23
    Encerramento do Toque 24
    Contratempos no Angola 27
    Samba de Cabula 31
        Evolução da Marcação 32
        Sequência do Toque 33
Pontos Cantados no Angola 35
Pontos Tocados nos Congos 53
    Congo de Ouro 54
        Sequência do Congo de Ouro 55
        Encerramento do Toque 56
        Variações do Congo de Ouro 57
        Congo de Ouro com Repique 60
    Arrebate de Congo 61
    Congo Nagô 64
    Congo de Caboclo 65
    Congo de Caboclo Marcado 66
Pontos Cantados nos Congos 67

Fontes Consultadas

Maurício Martins
Terreiro de Pai Jaú
Núcleo do Curimba Tambor de Orixás
Escola de Curimba Umbanda e Ecologia
Escola de Curimba Aldeia de Caboclos
Pontos Cantados e Riscados. Tríade Editorial
Pai José Valdivino
Ogã J. B. de Carvalho
Pai Engels de Xangô
Mãe Lurdes Campos Vieira
Ivanila Santos
André de Oxóssi
Percursão e vozes: Severino Sena e Fábinho Passoni

Apresentação

A grande maioria das religiões na atualidade é abstracionista, teórica e intelectualizada. Seus adeptos precisam pensar sobre o sagrado de forma totalmente mental. Eles devem idealizar o que seja Deus e rezar para este "objeto", fruto de milênios em que gerações e mais gerações vêm criando um Deus que é a imagem e semelhança do homem idealizado enquanto Ser Supremo e Divino. Um Deus, muitas vezes, nem tão supremo, tão pouco divino, se apresentando como Aquele que tem função de punir e castrar todos os tementes a Ele.

O alto do altíssimo, o mistério dos mistérios, pode se mostrar como tremendo e ao mesmo tempo fascinante. Para os intelectuais das religiões abstratas Ele é sempre distante, externo e separado de seus servos submissos e passivos.

Vemos discursos teológicos que conduzem os adeptos a uma fé racionalizada por meio de aforismos, dogmas e tabus. O discurso construído por uma neurolinguística nata ou estudada cria convicções cegas fundamentadas na ideia de possuir a "palavra de Deus". Se esta é a "palavra de Deus", então tem que ser aceita de forma absoluta, claro que a partir da interpretação de quem intermedia na qualidade de pontífice (ponte) sacerdotal. Discursos mais elaborados entram no jogo quase acadêmico mais profundo da elaboração de tese, antítese e síntese, de tal forma que as ovelhas não precisem pensar, basta adotar a conclusão lógica e inquestionável. Mesmo na simplicidade ideológica de que não existe efeito sem causa, é possível se codificar toda uma doutrina mais científica que religiosa, que no fundo nos faz pensar as mesmas coisas que a fé cega, mas agora com um certo nível de intelectualidade e persuasão aos mais cultos. Pode-se transformar o pecado em carma, o céu em luz e o inferno em trevas, ao mesmo tempo que se mantém os mesmos medos católicos travestidos de espiritismo intelectualizado e distanciado de um contato mais próximo com uma dimensão interna do ser que lhe dá o sentido de transcendência. Continuamos intelectualizando a fé de uma forma enlatada na qual mudam os rótulos e que nem sempre consegue apresentar algum conteúdo, apenas uma embalagem tão bonita e convincente que todos desejam possuir.

Nem sempre a religião foi tão intelectual e abstrata. O homem que há milênios pisa nesta terra, este a que chamamos de *Homo sapiens*, é também um *Homo religiosus*. Não existe nenhuma sociedade humana, antiga ou moderna, em que a religião esteja ausente. Nas formas mais arcaicas de expressão de fé e religiosidade, encontraremos pouca teoria e muita experiência. São as experiências de transcendência, transe e êxtase religioso, nas quais a fé é algo totalmente visceral, algo que faz a carne tremer e alça o espírito humano para fora e além desta realidade. Em estados alterados de consciência, esta fé "selvagem" e "primitiva" encontra-se no seu estado bruto e ao mesmo tempo puro. Não pode haver mentira, hipocrisia, doutrinação ou teorização abstracionista no momento de viver algo que depende de sua entrega total. São expressões naturais que brotam do âmago do ser, de sua alma, algo que foge ao encapsulamento de um corpo carnal. São experiências tão fortes, tão "grandes", que nem o corpo ou a mente racional dão conta de segurar. O sagrado baixa à terra, o divino incorpora e possui o iniciado, confundindo-se com ele mesmo. Este é o transe místico mais primitivo e ao mesmo tempo mais lindo e fascinante, pois a mente não precisa alcançar o ser supremo, a mente deve apenas parar de pensar, parar de racionalizar, parar de teorizar. A mente humana deste ser em transe não está mais ali, ela não precisa alcançar o Ser Supremo, porque Ele está aqui. Você não é mais você, você já não sabe mais quem é você, afinal você é Ele ou Ele é você. É inexplicável e arrebatador. Como limitar esta experiência a algumas explicações simplistas sobre a mediunidade? Neste caso, explicar a mediunidade é apenas uma tentativa de teorizar, classificar e convencer a mente de que ela dá conta de entender o que acontece, para finalmente relaxar no fato de que ainda está tudo sob controle. Ainda assim a mente sabe que o melhor de tudo é perder o controle, entregar-se numa loucura divina e domesticada apenas pelo ritual que a mantém dentro de limites e parâmetros saudáveis. O ritual regula e controla este momento único, ou como diria Roger Bastide, "o ritual domestica o sagrado selvagem".

Nas religiões de transe mediúnico de incorporação, na visão ainda de Roger Bastide e Pierre Verger, a "baianinha" que de dia vende acarajé, à noite se torna uma rainha, se torna Oxum. O estivador que de dia trabalha no cais, à noite, por meio do transe, se torna um Rei, ele se torna Xangô.

Mas isso não se dá apenas com a "baianinha" e o "estivador", isto se dá também com o médico, o advogado, o pedreiro ou a dona de casa. Todos podem alcançar esta dimensão de transcendência, revivendo o mais antigo dos fenômenos religiosos: o transe. Hoje sabemos que mediunidade não é histeria, que o transe religioso não é fator de desequilíbrio e, sim, de sentido para a vida. Da mesma forma, o que era considerado "arcaico" e "primitivo" nas mais antigas e remotas religiões pode ser o que há de mais lindo, puro e fascinante dentro do contexto das experiências religiosas.

A Umbanda revive este êxtase religioso, o transe, o estado alterado de consciência, a experiência mística, dentro do que é simplificado e identificado como mediunidade de incorporação.

O sagrado selvagem, arcaico e primitivo está domesticado pelo ritual, para sobreviver no mundo urbano, mas ainda mantém o sentido de transcendência com o sagrado no momento em que o divino se manifesta de forma visceral. O médium precisa se perder de si mesmo para encontrar-se com o Caboclo. Já não se sabe quem é quem; deve-se perder-se para ser encontrado por um Preto-Velho. Não existe mais o EU, deve-se matar o ego temporariamente, para que este dê lugar a Oxum, Xangô, Oxóssi, etc.

Entregar-se, perder-se de si mesmo, parar a mente não é nada fácil e é aqui que entra o couro, a percussão, o atabaque, a curimba e os pontos cantados.

A expressão mais antiga de transe religioso é viva no transe xamânico, nas diversas formas de xamanismo primitivo em geral e, claro, no xamanismo siberiano em específico. A palavra xamanismo vem da língua tungo, siberiana, e define as práticas de um sacerdote da natureza, um pajé, um curandeiro e, acima de tudo, alguém que entra em transe. E aqui evocamos o xamanismo apenas para dizer que, dentro desta cultura, a peça principal para ajudar a induzir o transe sempre foi o tambor, o instrumento de percussão de som grave, as batidas no couro. De alguma forma, este som grave, tão ligado à terra, ajuda a cabeça a parar de pensar.

O ritmo, a cadência e a melodia conduzem e auxiliam a mente do médium a entrar em diferentes padrões de vibração mental. Para cada vibração, há um toque de atabaque e uma energia diferente.

Apresentação

É assim que se estabelecem os toques mais cadenciados para Oxum, Nanã, Obaluaiê, ou para os Pretos-Velhos. Os toques mais fortes e rápidos para Ogum, Oxóssi ou Caboclos. Mas pode-se também chamar uma qualidade de Oxum num toque de guerra, ou chamar um Caboclo velho num toque mais tranquilo. São toques e variações de toques conhecidos como nagô, ijexá, angola, barra vento, etc. Aqui começamos a entrar num campo que pode ser definido como ciência e magia. Ciência porque implica anos de estudo dos diversos toques e cantos e seu método de execução, em que, para cada situação, existe um "ponto cantado" mais adequando. Magia porque música é a mais poderosa das magias, que de forma imediata pode mudar nosso humor. Magia Divina, porque de sua ciência se manipula força, poder, energia e mistérios que limpam, descarregam, encaminham encarnados e desencarnados. Trazem e levam situações emocionais e psicológicas. Evocam e invocam a presença de guias e Orixás dentro do ritual de Umbanda.

Dentro deste universo mágico do canto e toque de Umbanda, da curimba e da musicalidade sagrada, o nosso irmão Severino Sena é um Mestre.

Portanto, agradecemos a este Mestre de Harmonia, este Mestre do Som, por nos brindar com mais um precioso volume de conhecimento e informação.

Peço a Oxalá que abençoe esta obra de Severino Sena e que abençoe também a todos que colocarem seus corações nestas páginas.

Que os leitores possam se lapidar por meio desta obra, a fim de cantar e tocar para nossos guias e Orixás na Umbanda.

Alexandre Cumino
Sacerdote de Umbanda Sagrada preparado por
Rubens Saraceni e Bacharel em Ciências da Religião

COMPOSIÇÃO DOS ATABAQUES NO TERREIRO

O conjunto de atabaques no terreiro é em "trio", que é também utilizado no culto de algumas nações com a denominação de RHUM, RUMPI e LE, ou RHUM, RUMPI e MI. No culto de nação, cada atabaque tem um toque diferente, uma obrigação diferente; na Umbanda, não utilizamos esse ritual, até porque no culto de nação são utilizadas as varinhas de Aguidavi ou outros nomes que queiram usar. Na Umbanda só usamos as mãos diretamente no couro.

Na Umbanda, trabalhamos usando o grave (rhum), médio (rumpi) e agudo (lê); no atabaque grave deve tocar o Ogã responsável pelos trabalhos, ou seja, o melhor Ogã da casa, o mais responsável, o que conhece melhor o ritual, os pontos, toques, procedimentos do terreiro e que melhor movimenta energia cantando e tocando. Dentro da hierarquia, segue-se esse mesmo procedimento para o Ogã do rumpi e o do lê. Como são instrumentos com sons diferentes, cabe a cada Ogã respeitar o instrumento que está tocando no momento: se estiver no grave, usar contratempos de grave; se estiver no agudo, usar contratempos de agudo; se estiver no médio, sustentar o toque e dentro do tempo fazer um ou outro contratempo. Esse procedimento é utilizado nas casas que usam o sistema de trio; em casa que tem os três atabaques sem ser um conjunto, cada um toca o que o Ogã sabe tocar. Nesse caso, normalmente se usam três atabaques do mesmo tamanho.

Quando usamos mais que três atabaques, por exemplo, cinco, devemos respeitar a sequência RHUM, RUMPI, LÊ, RUMPI, RHUM, como na representação a seguir: ao lado do RHUM, sempre um RUMPI e, ao lado do RUMPI, sempre o LÊ.

A composição indicada para cinco é: LÊ – RUMPI – RHUM – RUMPI – LÊ.

A composição indicada para três é: RHUM – RUMPI – LÊ.

Para este caso, o RHUM deve ficar próximo ao Conga.

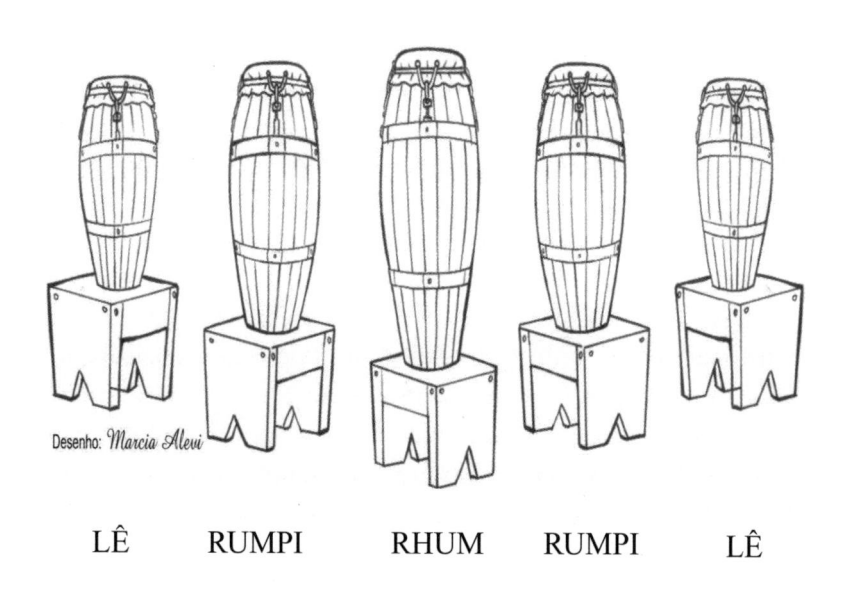

Desenho: Marcia Alevi

LÊ   RUMPI   RHUM   RUMPI   LÊ

Composição dos Atabaques no Terreiro

Desenho: *Marcia Alevi*

RHUM   RUMPI   LÊ

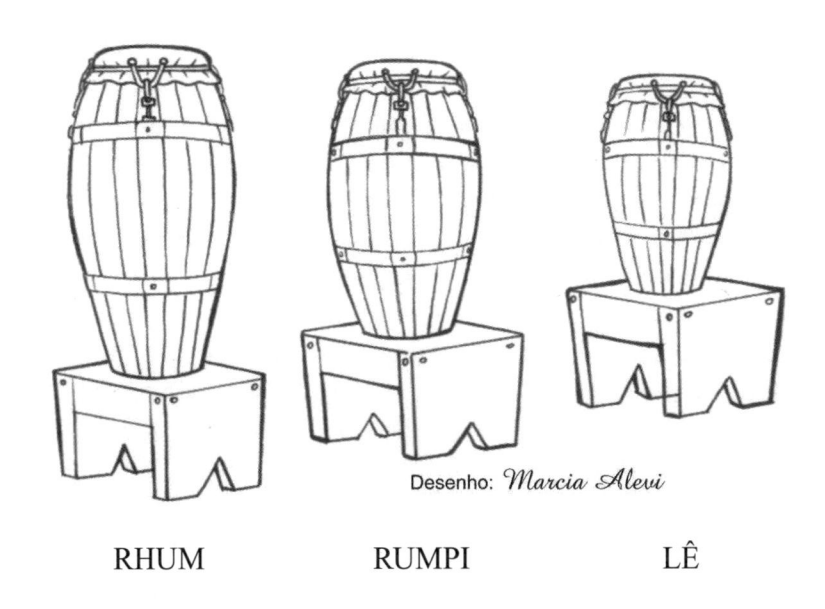

Devemos observar sempre nossa posição e postura perante os atabaques, pois nossa religião os considera instrumentos sagrados; eles são, com os pontos cantados, a ligação entre o mundo material e o espiritual, por isso devemos tratá-los com todo o respeito. Ao terminar de tocar o ponto, não podemos debruçar nem descansar sobre os mesmos, porque assim como as imagens, guias e outras peças de nosso congá, são tidos como instrumentos de função sagrada.

A altura ideal para se tocar o atabaque é que o couro fique entre a altura do umbigo e o cotovelo, pois nessa posição não estaremos com os braços pendurados, o que evita dores musculares, nem muito baixo, para não tocarmos arqueados e nem termos dores nas costas; para que não falemos que o trabalho foi pesado e que estamos até com dores nas costas. Foi o Ogã que tocou errado mesmo!!!

Se o Ogã estiver com os dedos enrolados no esparadrapo, também é sinal de que está tocando errado; indica que está tocando na madeira, no ferro, e não no couro. A distância também é fundamental para se obter um bom toque: manter-se a distância de um palmo aberto possibilitará um bom espaço e mobilidade; devemos também ter uma boa altura das mãos, de aproximadamente um palmo. Para se tocar atabaque basta se posicionar corretamente, porque assim você passará a tocar atabaque e "não bater atabaque".

Aquele Ogã que termina o trabalho machucado, com dores nas mãos, nos braços e "muito cansado", é sinal que não tem boa postura de toque e, com certeza, não está tocando, e sim batendo atabaque. Não precisamos ter força para tocar, e sim saber tocar com jeito e leveza.

Observando todos os detalhes citados, praticando um bom toque, cantando o ponto dentro da melodia, com certeza o Ogã movimentará uma energia boa dentro do terreiro.

Explicações de Sinais

A partir deste momento, passaremos a tratar dos assuntos do terreiro com definições de pontos cantados e tocados. Como a grande maioria dos praticantes da Umbanda e de nosso curso toca porque precisa e não tem conhecimento musical, com suas cifras, partituras, etc., desenvolvemos um método prático para conciliar os leigos e os que já possuem esse conhecimento. Todos os pontos a partir deste momento estão codificados com caracteres que facilitam o entendimento, para melhor trabalharmos as melodias ou pausas, altos e baixos dos pontos, que, se respeitados o toque indicado e as informações dos caracteres, facilitarão a forma de cantar.

1 – → Ao cantar um ponto com este símbolo à frente, o tom a ser cantado é moderado, ou seja, na sua voz natural, sem subir ou descer a nota musical.

2 – ↗ Ao cantar um ponto com este símbolo à frente, o tom a ser cantado é um pouco mais alto que o normal, ou seja, devemos subir a nota musical, procurando uma nota mais aguda.

3 – ↘ Ao cantar um ponto com este símbolo à frente, o tom a ser cantado é um pouco mais baixo que o normal, ou seja, devemos procurar o tom grave.

4 – ↑ Ao cantar um ponto com este símbolo à frente, o tom a ser cantado é bem alto, subindo bruscamente a nota musical.

5 – ↓ Ao cantar um ponto com este símbolo à frente, o tom a ser cantado é bem baixo, tom grave.

6 – ↙ Ao cantar um ponto com este símbolo à frente, o tom a ser cantado é baixo, grave, como se estivéssemos voltado à palavra com o som fechado.

7 – **sai** Ao cantar um ponto no qual exista alguma palavra grifada, devemos sustentar a nota musical, arrastar a palavra mais um pouco, respeitando o tempo musical.

8 – / Ao cantar um ponto com este símbolo após a palavra, existe uma pausa ou um breque no ponto que devemos respeitar.

9 – ⌒ Ao praticar um toque com este sinal (**CESURA**), há uma pausa de meio tempo, colcheia, diferente da pausa anterior, que pode ser de um tempo inteiro ou mais de um.

10 – ✔ Ao cantar um ponto com este símbolo no final da palavra ou da linha, nesse momento devemos respirar no ponto, para que tenhamos calma para falar e tempo para respirar.

11 – ( ) Ao cantar um ponto em que existe uma palavra ou sílaba entre parênteses, nesse instante deve ser iniciado o toque a ser praticado. É o momento (1) do toque.

Explicações de Sinais

Todos os pontos que virão a seguir serão classificados quanto a sua definição, estilo, e estarão identificados com o nome do toque, definido por nós como o mais apropriado para o acompanhamento musical. Nada impede que ele seja alterado, desde que respeitada a forma de cantar do toque a ser praticado.

Angola

Mão esquerda *Mão direita*
INÍCIO DO TOQUE

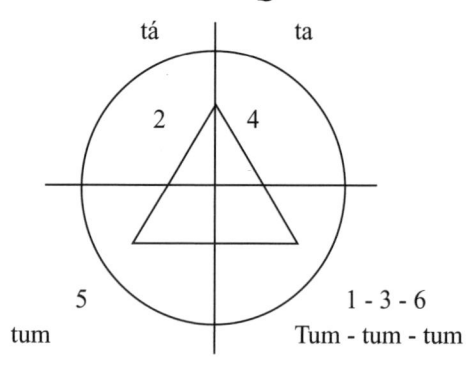

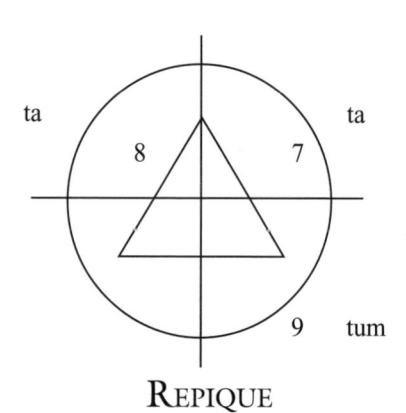

```
        tá            ta
           2     4

       5              1 - 3 - 6
      tum             Tum - tum - tum


       ta             ta
          8      7


                   9    tum
```

REPIQUE

Tum - trum - Tum
11   10   12

Falando fica assim:
Tumm ta tum ta tum tum ta ta tum trum tum tum

Angola

Este toque é muito cadenciado, parece um pouco com o samba. É um dos toques mais utilizados na Umbanda, como o Ijexá e Barra-vento, e possui diversos nomes. É o toque ideal para quem gosta de trabalhar bem os contratempos, pois dá uma base de tempo bem marcada.

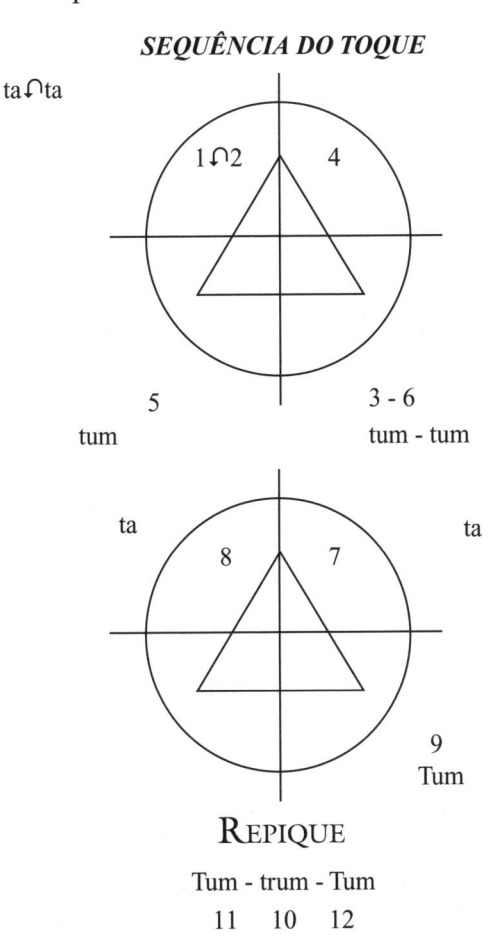

SEQUÊNCIA DO TOQUE

ta ∩ ta

1 ∩ 2   4

5   3 - 6
tum   tum - tum

ta   ta
8   7

9
Tum

REPIQUE

Tum - trum - Tum
11   10   12

Falando fica assim:
Ta ∩ ta tum ta tum tum ta ta tum trum tum tum
1   2 3   4 5   6   7 8 9   10   11 12

Encerramento do Toque

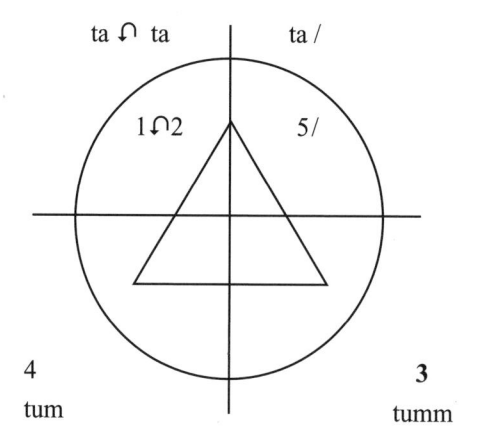

```
       ta ⌒ ta    |    ta /
         1⌒2      |    5/
      ───────────┼───────────
                  |
         4        |     3
        tum       |    tumm
```

Falando fica assim: Ta ⌒ ta tum tumm ta/
Este encerramento se inicia após o último toque do repique.

REPIQUES

    O repique faz parte do toque Angola e geralmente vem após o toque (9). Como ele é parte do toque, então, para estarmos no tempo, devemos sempre fazer repiques ímpares. Para ter um bom repique, devemos estar no tempo do toque, usando o mesmo andamento e local de toque. Não podemos nos esquecer de que o fim do repique no Angola não é o início do toque normal.

Ao repicar, podemos variar: AB, AC, AD, AE, AF, AG, AF, AH, BA, BF, HE, etc.

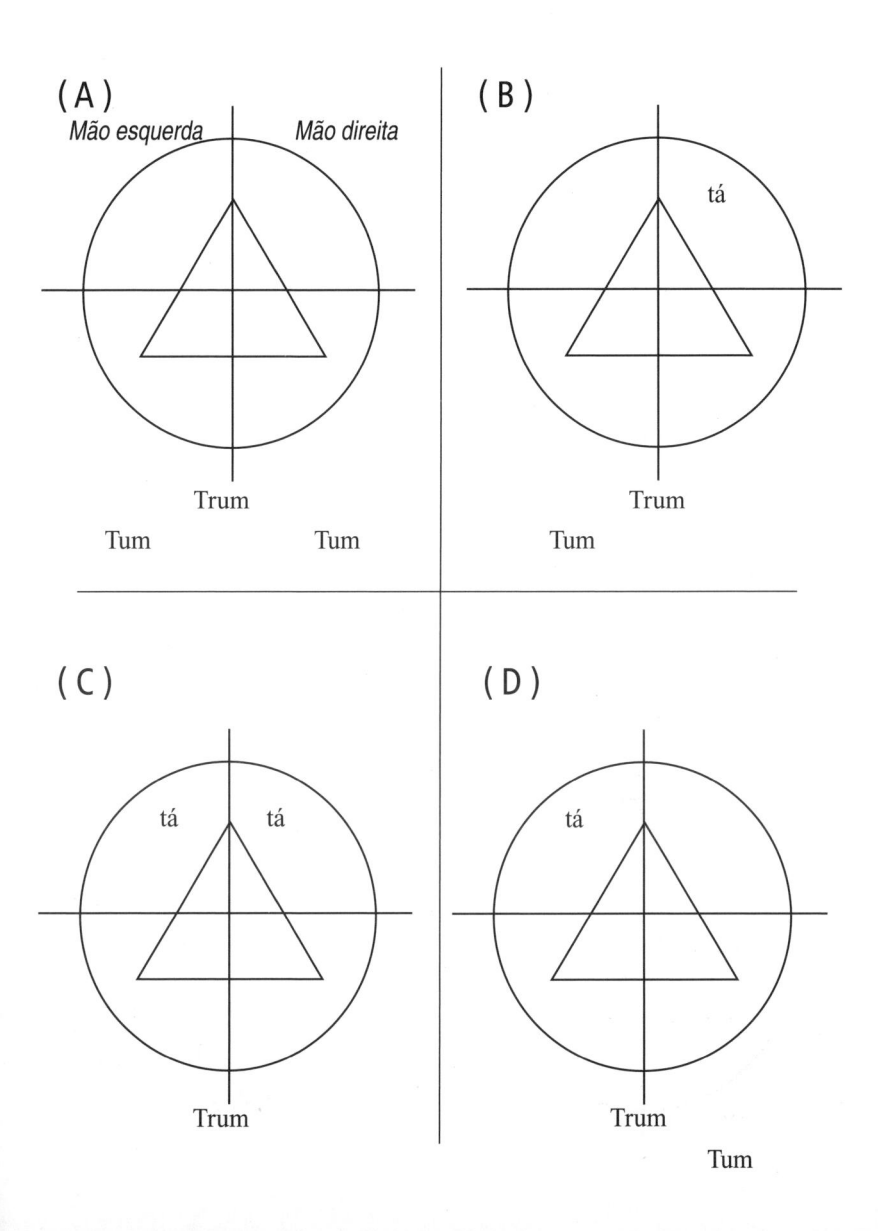

(A) Mão esquerda | Mão direita
Trum
Tum Tum

(B)
tá
Trum
Tum

(C)
tá tá
Trum

(D)
tá
Trum
Tum

(E)

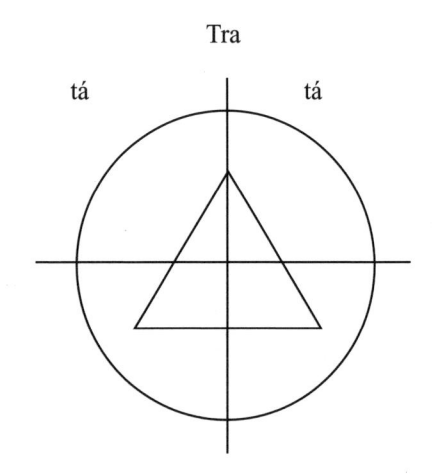

Tra

tá   tá

(F)

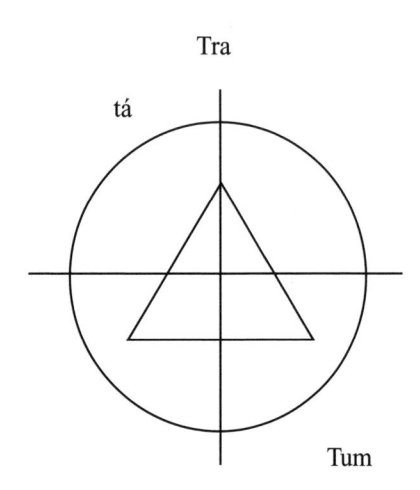

Tra

tá

Tum

(G)

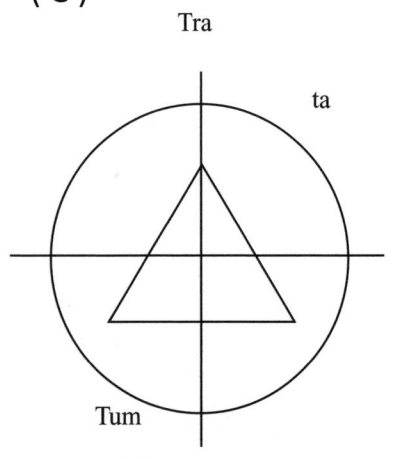

Tra

ta

Tum

(H)

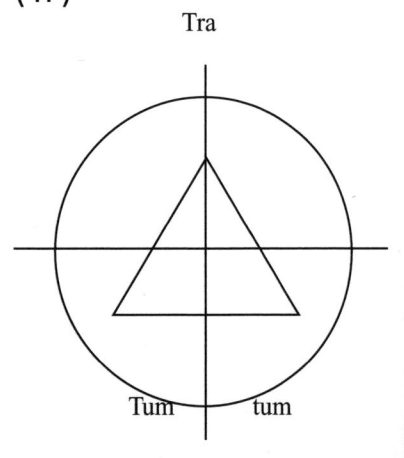

Tra

Tum   tum

Contratempos no Angola

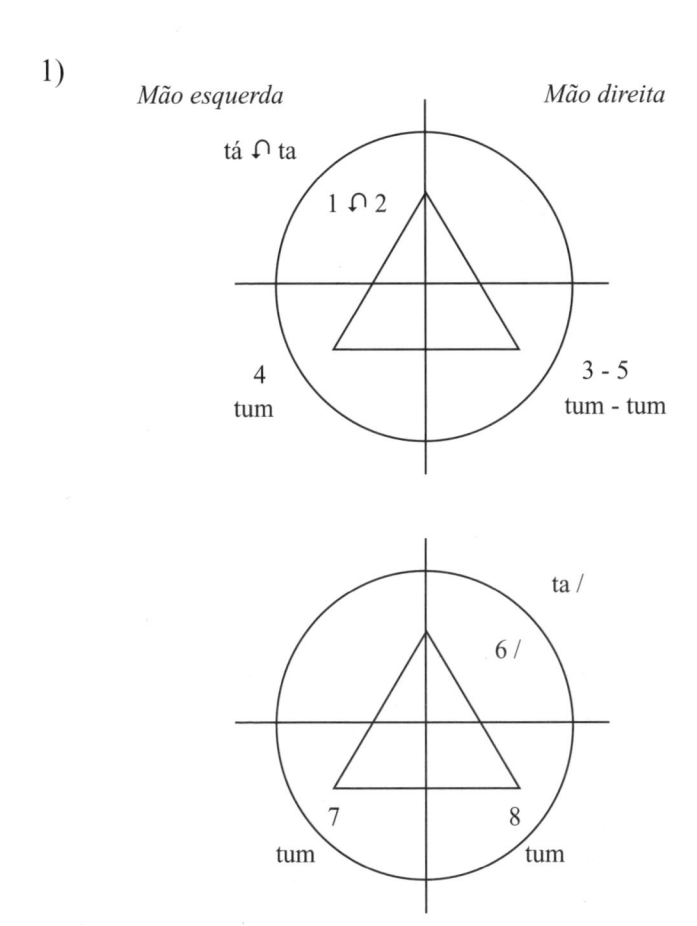

1)

Mão esquerda *Mão direita*

tá ∩ ta
1 ∩ 2

4   3 - 5
tum   tum - tum

ta /
6 /

7   8
tum   tum

Falando fica assim:
Ta pausa(∩) ta tum tum tum ta pausa(/) tum tum
1   ∩   2   3   4   5   6/   7   8

2)

Mão esquerda   *Mão direita*

tá ∩ ta

1 ∩ 2

4 - 6   3 - 5 -7
tum tum   tum Tum tum

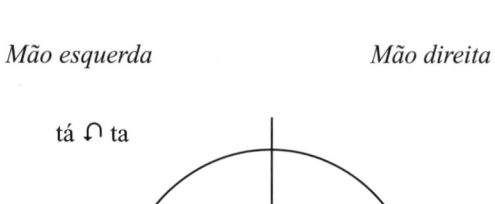

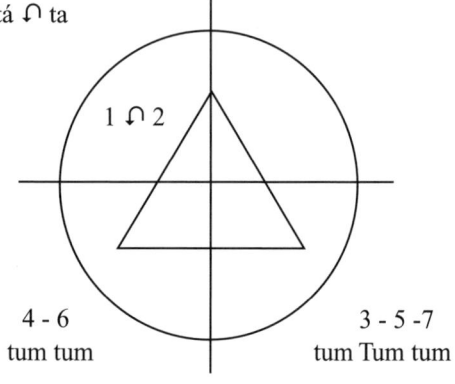

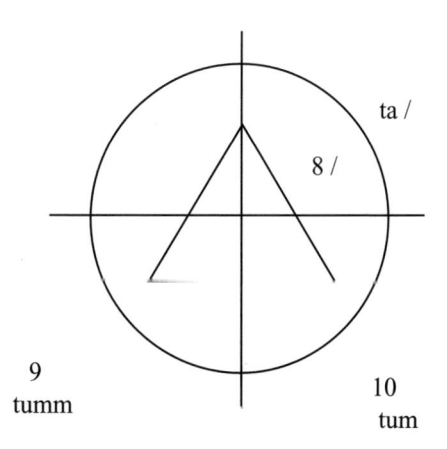

ta /
8 /

9   10
tumm   tum

Falando fica assim:
Ta pausa(∩) ta tum tum tum tum tum tum ta pausa(/) tum tum
1   ∩   2   3   4   5   6   7   8/   9   10

Angola

3)

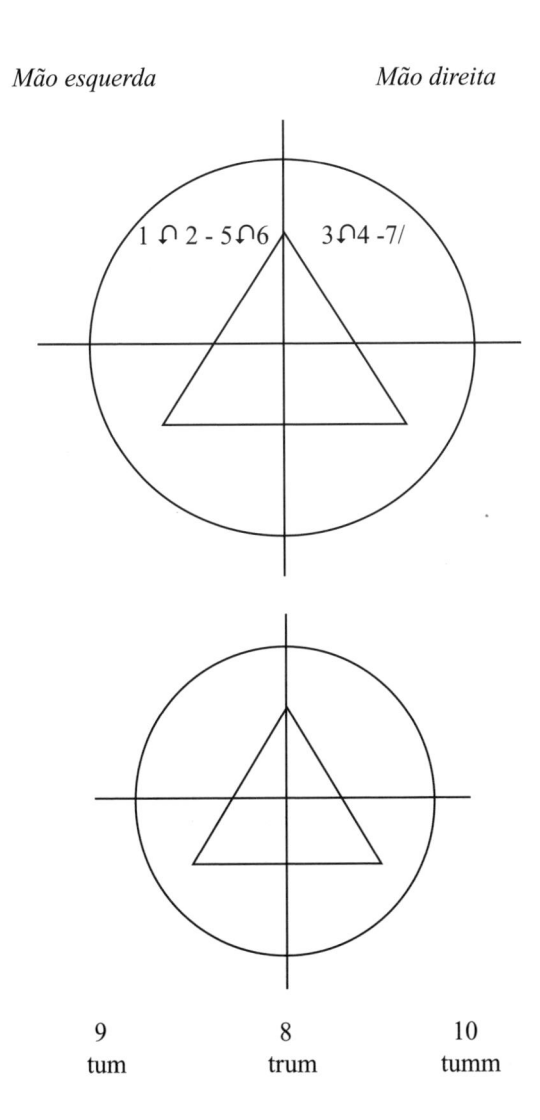

Mão esquerda   *Mão direita*

1 ⌢ 2 - 5⌢6   3⌢4 -7/

9	8	10
tum	trum	tumm

Falando fica assim:
Ta(⌢) ta tak ta tak ta (/) trum tum tum
1 ⌢ 2 3⌢4 5 ⌢6 7/   8   9   10

4)

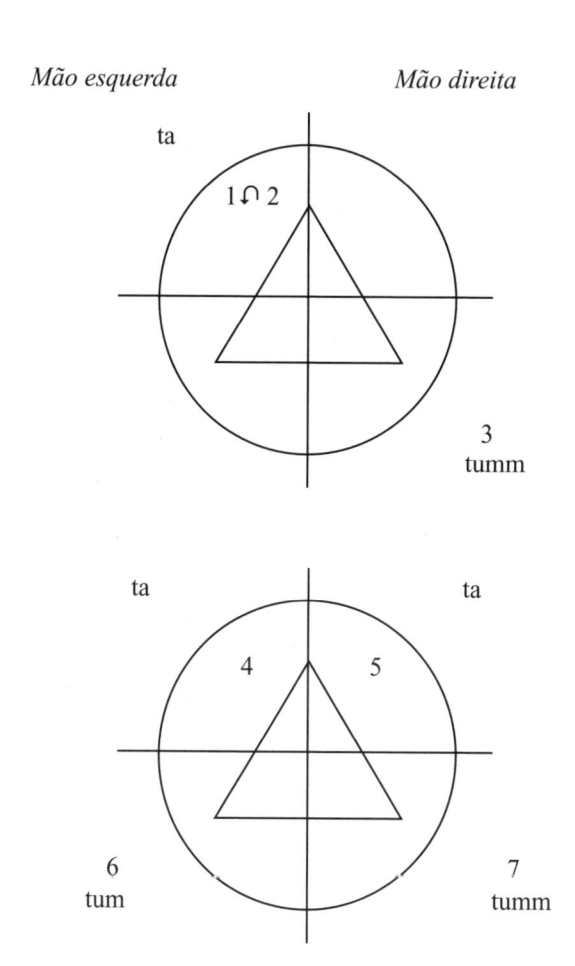

Mão esquerda *Mão direita*

```
      ta
     1∩2
              3
              tumm

   ta        ta
    4    5

   6         7
   tum       tumm
```

Falando fica assim:
Ta(∩) ta tum ta ta tum tum ta ta tum tum ta ta tum tum

1 ∩ 2   3   4 5 6 7   4 5 6   7   4   5 6   7

<u>Neste caso, a numerção 4567 deve ser repetida três vezes.</u>

Samba de Cabula

Este toque é uma variação do Angola, sendo usado o mesmo tempo de toque, mas já com outro nome; não possui o repique e não tem a ligação entre o fim e o início do toque, que se mostra normal no Angola.

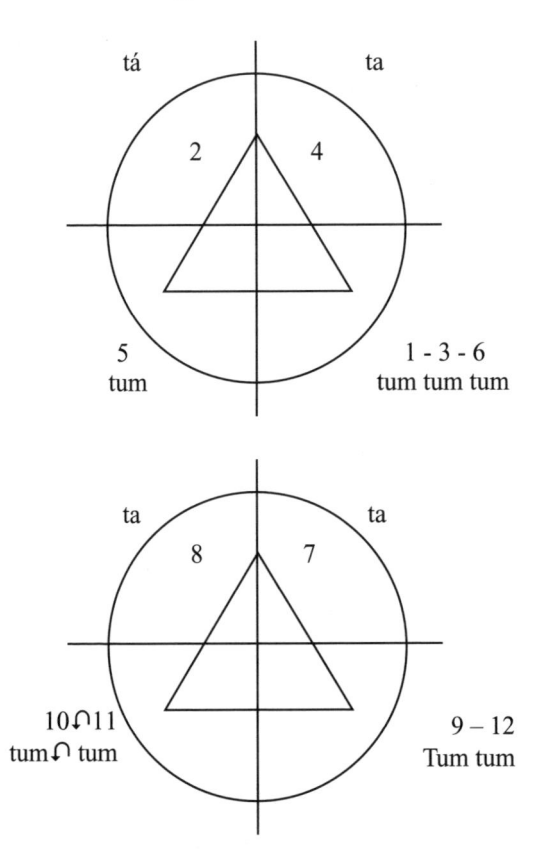

```
        tá          ta
         2    |   4

    5    |    1 - 3 - 6
   tum        tum tum tum


        ta          ta
         8    |   7

   10⌒11  |    9 – 12
   tum⌒tum      Tum tum
```

Falando fica assim:
Tumm ta tum ta tum tumTa ta tum tum ⌒ tum tumm

   1   2   3 4 5   6 7 8 9 10   11 12

Evolução da Marcação

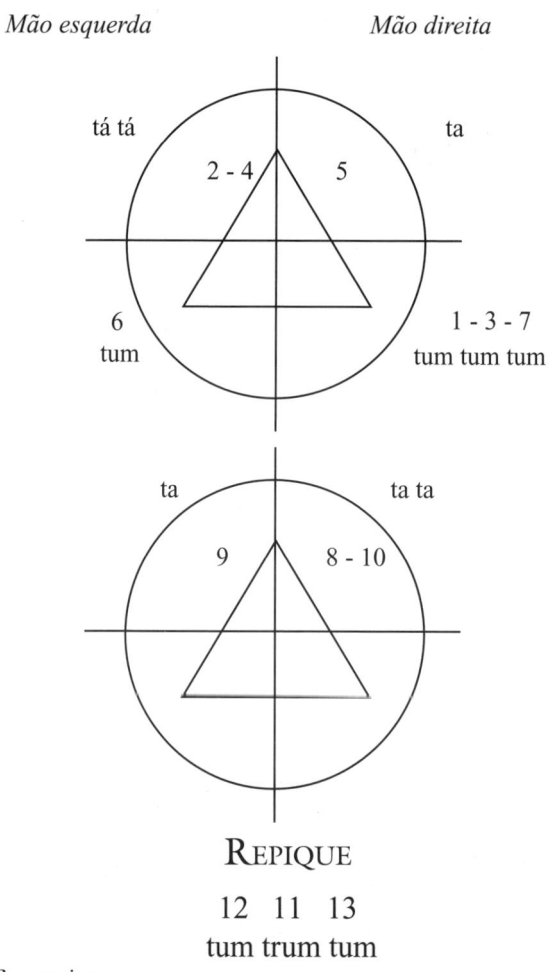

Mão esquerda   *Mão direita*

tá tá   ta
2 - 4   5

6   1 - 3 - 7
tum   tum tum tum

ta   ta ta
9   8 - 10

REPIQUE

12 11 13
tum trum tum

Falando fica assim:
Tum ta tum ta ta tum Tum ta ta ta trum tum tum

1   2 3 4 5 6   7   8 9 10 11 12 13

SEQUÊNCIA DO TOQUE

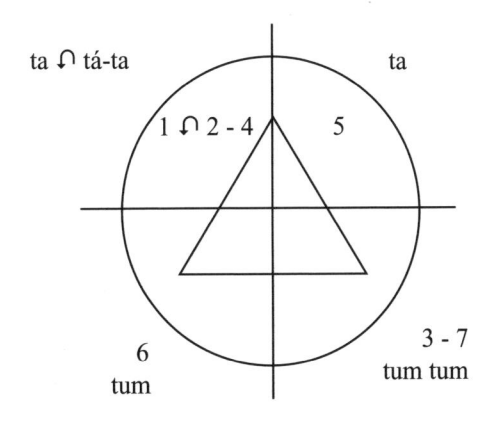

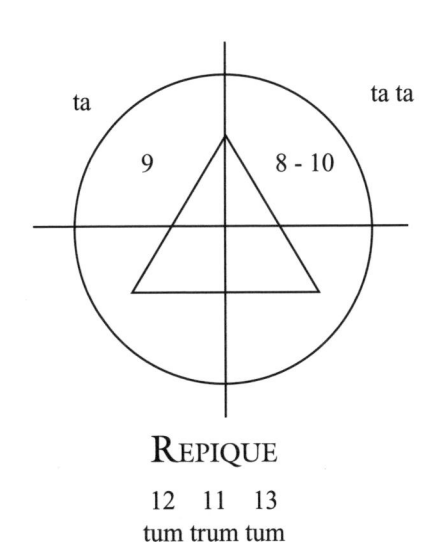

```
        ta ∩ tá-ta              ta
             ( 1 ∩ 2 - 4 / 5 )

              6              3 - 7
              tum            tum tum
```

```
        ta                      ta ta
             ( 9      8 - 10 )
```

Repique
12 11 13
tum trum tum

Falando fica assim:
Ta pausa ta tum ta ta tum tum ta ta ta trum tum tum

1   ∩   2   3 4 5 6   7   8 9 10 11   12 13

Pontos Cantados no Angola

A partir deste momento, começaremos a ver os pontos cantados no Angola e suas variações (Samba de Cabula e Evolução, com seus contratempos e repiques). É importante lembrar que teremos pontos lentos e rápidos, mas nunca devemos esquecer de usar sempre a base do Angola, a ginga, o balanço.

Poderemos fazer qualquer variação deste livro ou qualquer outra que vocês saibam. Não há problema; o que nunca devemos esquecer é o balanço inicial, pois ele está relacionado à dança do Orixá.

Este ponto é uma simples homenagem ao Babalaô José Valdivino da Silva, do Templo de Umbanda São Sebastião e Sete Flechas da Jurema.

É uma forma de agradecimento a esse meu pai que tanto deu de si para a Umbanda e tinha como norma na sua casa ter uma curimba bem tocada e cantada.

Pai José (filho de Alafim) faleceu em 3 de outubro de 2010.

(1)

(Severino Sena – 9 de outubro de 2012).

→ Que Nego é (este,) meu Deus,
→ Que passou aqui ✔
→ É Zé Valdivino, meu Deus,
→ Filho de Alafim ✔

bis

refrão

→ Este Nego que plantou sua semente ✔
→ Que hoje brota na Umbanda
→ No coração de toda gente ✔
→ Sua mensagem ✔
→ Retumba nos quatro cantos ✔
→ Quando o Ogã toca o atabaque ✔
→ Transmitindo seu encanto ✔

Refrão

→ Ele falava ✔   ↗ Ogã toca pra Caboclos ✔
↗ Ogã toca pra Baianos ✔   ↗ Ogã toca pra Erê ✔
→ Ele falava ✔   ↗ Ogã saúda Pai Xangô ✔
↗ Ogã chama Preto-Velho ✔   → E todo povo Nagô ✔

(2)
(Pai José Valdivino).

→ As águas da (Ox<u>um</u>) brilharam no serrado ✔ ⎫
→ Xangô lhe deu um grito ✔   ⎬ bis
→ Traz depressa o meu caja<u>do</u> ✔   ⎭

→ Lá do alto, Santa Bárbara ordenou ✔   ⎫
→ Pega as ervas da Jurema /   ⎬ bis
→ E defuma com muito a<u>mor</u> ✔   ⎭

→ Defuma com as ervas da Ju<u>ree</u>ma ✔
→ Defuma com Arruda e Gui<u>né</u> ✔

→ Defuma / Caboclo incensa<u>door</u> ✔ ⎫
→ Defuma / pra salvar filhos de <u>fé</u> ✔ ⎬ bis

(3)

↗ A (Lua) lá no céu bril<u>hou</u> ✔
↗ Vem bater cabeça por meu Pai Xan<u>gô</u> ✔
↗ A Lua lá no céu bril<u>hou</u> ✔
↗ Vem bater cabeça → por meu Pai Xangô ✔

→ <u>O oo oo</u> a Lua era mais forte e clar<u>eou</u> ✔
→ <u>O oo oo</u> a Lua era mais forte e clar<u>eou</u> ✔

↗ A Lua nasce por detrás das cac<u>hoeiras</u> ✔
↗ Iluminando Pai Xangô lá nas ped<u>reiras</u> ✔

↗ Bate cabeça, filhos de fé / ✔ ⎫
↗ E peça a Xangô o que qu<u>iser</u> ✔ ⎬ bis

(4)

↗ Seu Tranca (Ruas), me cubra com sua capa ✔
↗ Quem com sua capa escapa
↗ Quem com sua capa esca<u>pa</u> ✔

→ A sua capa, ✔ ela é feita de verdade ✔ ⎫
→ Ela cobre todo mundo ✔   ⎬ bis
→ Só não cobre a falsida<u>de</u> ✔   ⎭

(5)

→ Seu (Tran<u>ca</u>), meu amigo de al<u>ma</u> ✔
→ Seu Tran<u>ca</u>, ↗ meu irmão verdad<u>eiro</u> ✔

↗ Seu Tran<u>ca</u>, eu peço → ele ajuda ✔   ⎫ bis
→ Seu Tran<u>ca</u>, o inimigo ele afunda ✔   ⎭ refrão

→ Seu Tran<u>ca</u> é pau de dar em doido ✔
→ Seu Tran<u>ca</u> risca ponto até no fogo ✔

Refrão

(6)

→ <u>San</u>to Antonio de Bat<u>alhas</u> ✔ faz de mim batalhad<u>oor</u> ✔ (bis)
→ <u>Co</u>rre, gira, Pombo Gi<u>ra,</u> ✔ <u>Tran</u>ca-Ruas e Mara<u>boo</u> ✔ (bis)

↗ Santo Antonio de batalhas ✔ faz de mim batalhadoor ✔   ⎫
↗ Corre, gira, Pombo Gi<u>ra,</u> ✔ Tranca-Ruas e Mara<u>boo</u> ✔ ⎬ bis
                                                               ⎭

(7)   (Severino Sena)

→ Ventou forte em minha (vida) ✔
→ O cata-vento anunciou ✔
↗ Pra ajudar minha caminhada ✔
→ Rainha da Encruzilhada quem chegou ✔
→ Cavalgou por entre os ventos, ✔
→ Iansã foi quem mandou ✔
↗ Salve, salve, minha rainha ✔ ⎫
→ Da Encruzilhada e do amor ✔ ⎬ **bis**

(8)

↗ Ela gira (ar), ela gira na praça ⎫
→ Ela gira na rua e e e a ✔ ⎪
↗ Ela canta, ela dança, ela vive sorrindo ⎬ **bis**
→ Em noite de Lua ea ✔ ⎭
→ Ela é sin<u>cera</u>, ✔ ela é de ver<u>dade</u> ✔ ⎫ **bis**
↗ Mas cuidado, amigo, que ela não gosta de falsida<u>de</u> ✔ ⎭

(9)   (Severino Sena)

→ Pombo Gira Sete (Saias), cada saia um mistério ✔
↗ Aqui ela trabalha e → também no cemitério ✔
→ Sete Saias tem poder, ✔ Sete Saias tem mironga ✔
↗ Pombo Gira Sete Saias, → com Sete Saias ninguém tomba ✔
→ Minha amiga Sete Saias, → pra você eu peço tudo ✔
↗ Pombo Gira Sete Saias, → pra poder ganhar o mundo ✔
→ Sete Saias, sete faixas, sete vidas, sete campos ✔
↗ Trabalha na encruza → com o poder do campo santo ✔
↗ Trabalha na encruza → com o poder do campo santo ✔

(10)

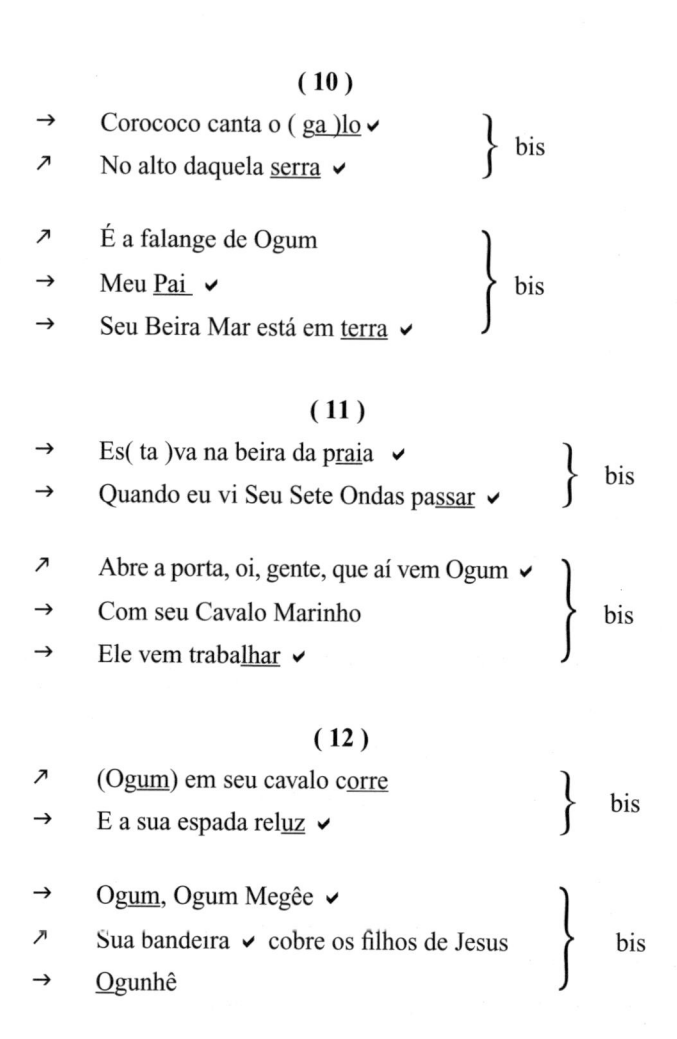

→ Corococo canta o (ga)lo ✔ } bis
↗ No alto daquela serra ✔

↗ É a falange de Ogum
→ Meu Pai ✔ } bis
→ Seu Beira Mar está em terra ✔

(11)

→ Es(ta)va na beira da praia ✔ } bis
→ Quando eu vi Seu Sete Ondas passar ✔

↗ Abre a porta, oi, gente, que aí vem Ogum ✔
→ Com seu Cavalo Marinho } bis
→ Ele vem trabalhar ✔

(12)

↗ (Ogum) em seu cavalo corre } bis
→ E a sua espada reluz ✔

→ Ogum, Ogum Megêe ✔
↗ Sua bandeira ✔ cobre os filhos de Jesus } bis
→ Ogunhê

(13)

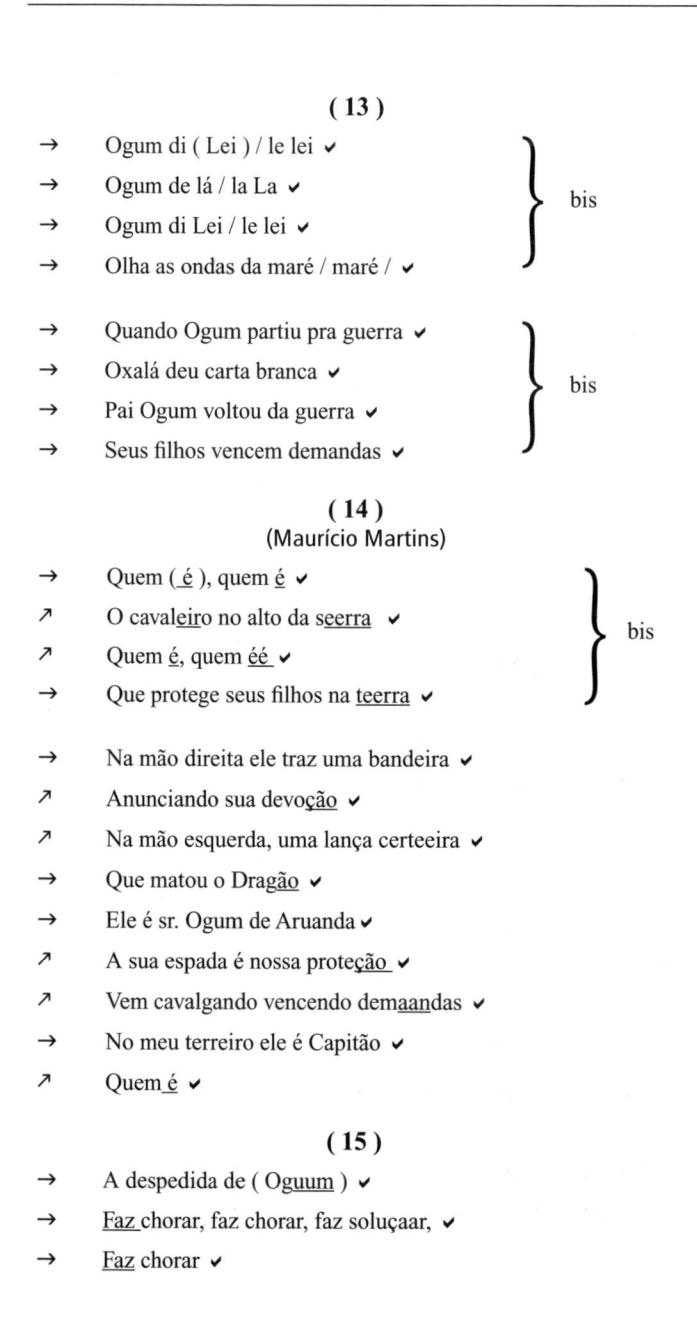

→ Ogum di (Lei) / le lei ✓
→ Ogum de lá / la La ✓ } bis
→ Ogum di Lei / le lei ✓
→ Olha as ondas da maré / maré / ✓

→ Quando Ogum partiu pra guerra ✓
→ Oxalá deu carta branca ✓ } bis
→ Pai Ogum voltou da guerra ✓
→ Seus filhos vencem demandas ✓

(14)
(Maurício Martins)

→ Quem (_é_), quem é ✓
↗ O caval_eiro_ no alto da s_eerra_ ✓ } bis
↗ Quem é, quem _éé_ ✓
→ Que protege seus filhos na _teerra_ ✓

→ Na mão direita ele traz uma bandeira ✓
↗ Anunciando sua devo_ção_ ✓
↗ Na mão esquerda, uma lança certeeira ✓
→ Que matou o Drag_ão_ ✓
→ Ele é sr. Ogum de Aruanda ✓
↗ A sua espada é nossa prote_ção_ ✓
↗ Vem cavalgando vencendo dem_aan_das ✓
→ No meu terreiro ele é Capitão ✓
↗ Quem _é_ ✓

(15)

→ A despedida de (Og_uum_) ✓
→ _Faz_ chorar, faz chorar, faz soluçaar, ✓
→ _Faz_ chorar ✓

(16)

→ O (Lírio) é uma flor ↗ tão liindaaa ✓ } bis
↗ Que enfeita o Juremá ✓

→ Sr. Oxóssi ✓ já pegou a sua flecha ✓
→ Já pegou o seu bodoque, ✓ sua Ema vai cantar
→ Atravessou toda a floresta ✓
→ Numa noite de luar ✓

→ O lírio, o Lírio e, ✓ o Lírio, o Lírio aa ✓ } bis
→ O Lírio, o Lírio e, o Lírio ✓

(17)

→ Mãe dos (ventos) as matas balançou ✓
↗ Balançou as matas de Odé ✓

↗ Sete Folhas ✓ das matas caíiram ✓ } bis
→ Em cima deste Cacique Menino ✓

↗ Foi quando Odé ✓ , pajé Tupã falou ✓   (bis)

→ Quando criança cresceer ✓ } bis
→ Nome já tem que Deus mandou ✓

↗ Vai chamar ✓ Guerreiro Sete Foolhas ✓
↗ Vai chamar ✓ Guerreiro Sete Folhas ✓

→ Sete Folhas que ilumina ✓ } bis
→ Sete Folhas que chegou ✓

(18)

↗ Malunguinha Rei das (Matas) ✔
↗ É um Caboclo Índio Real ✔
} bis

→ Feche o portão da esquerda ✔
→ Pros contrários não entrar ✔
→ Abre o portão da direita ✔
→ Pro bom guia trabalhar ✔
} bis

(19)

↗ Meu Caboclo da Ju(re)ma, onde é que você vaai ✔
→ Vou à casa de Odé, no terreiro de meu <u>Pai</u> ✔
} bis

→ Na Aru<u>anda</u>, ✔ na Aru<u>anda</u> ✔
↗ Na Aruandaê, Meu Caboclo de fé
→ Na Aru<u>anda</u> ✔
} bis

(20)

↗ Seu Sete Flechas (falou) ✔
↗ Que aqui nesta aldeia falta Caboclo ✔
} bis

→ Pisa, pisa, pisa, Caboclo ✔
→ Pisa na areia no rastro dos outros ✔
} bis

(21)

→ Bateu tamboor, tam (b<u>or</u>) ✓
↗ É uma beleza ✓   } bis
→ Hoje eu vou abrir a mesa
→ No centro do Jure<u>má</u> ✓

→ Oi, sara<u>vá</u>, povo de pemba ✓
↗ Salve a Cabocla Jurema ✓   } bis
→ Flecheira do Jure<u>má</u> ✓

(22)

↗ Oxossi é Rei no (céu) ✓
→ Oxossi é Rei na Terra ✓   } bis

↗ Ele não desce do céu sem coroa ✓
→ Sem sua munganga de guerra ✓ } bis

(23)

↗ Os Caboclos vão-se em (bo)ra
↗ Vão pra sua cidade → Lá no Jure<u>má</u> ✓

→ Um abraço pra seus filhos deixam ✓
→ Embora com saudades
↗ Eles vão gi<u>rar</u> ✓

→ Ad<u>eus,</u> ↗ adeus, adeeus ✓
↗ Até um dia, quando eles volta<u>rem</u> ✓   } bis

(24)

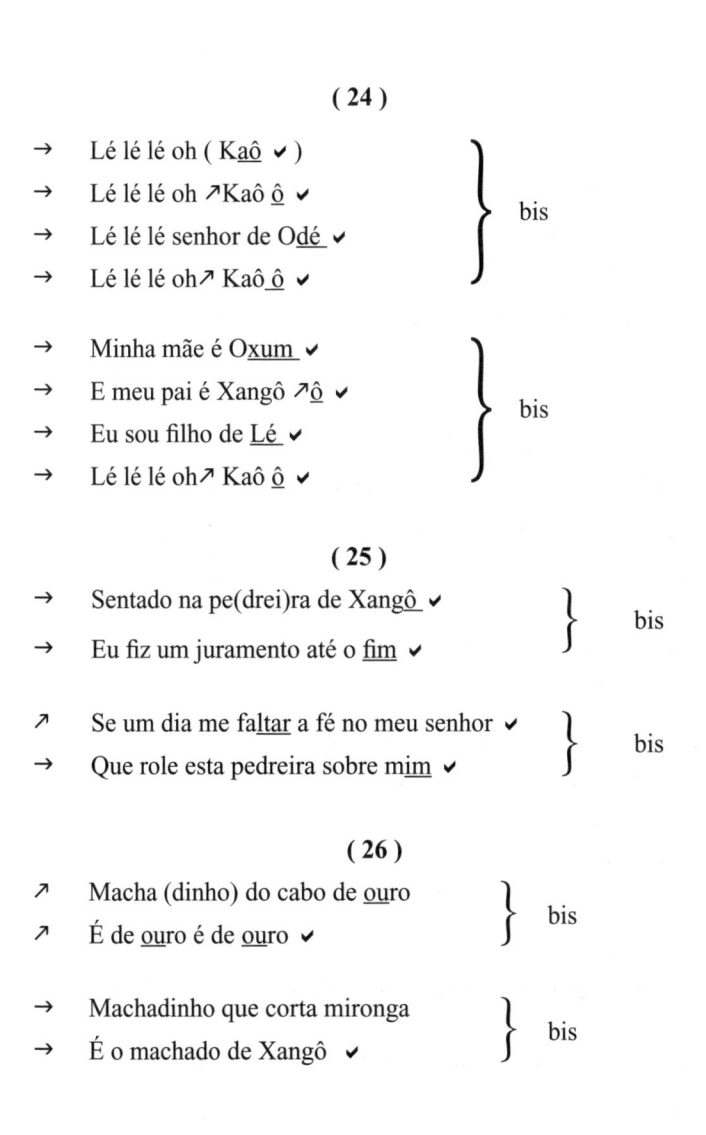

→ Lé lé lé oh (Ka̱ô ✓)
→ Lé lé lé oh ↗Kaô o̱ ✓
→ Lé lé lé senhor de Oḏé ✓
→ Lé lé lé oh↗ Kaô o̱ ✓
        } bis

→ Minha mãe é Ox̱um ✓
→ E meu pai é Xangô ↗o̱ ✓
→ Eu sou filho de Ḻé ✓
→ Lé lé lé oh↗ Kaô o̱ ✓
        } bis

(25)

→ Sentado na pe(drei)ra de Xang̱ô ✓
→ Eu fiz um juramento até o f̱im ✓
        } bis

↗ Se um dia me fa̱ltar a fé no meu senhor ✓
→ Que role esta pedreira sobre mi̱m ✓
        } bis

(26)

↗ Macha (dinho) do cabo de o̱uro
↗ É de o̱uro é de o̱uro ✓
        } bis

→ Machadinho que corta mironga
→ É o machado de Xangô ✓
        } bis

(27)

↗ Ogum mora na (Lua) ✔
↗ Xangô mora nas pedreiras ✔
↗ Oxóssi mora nas matas
↗ Mamãe Oxum nas cachoeiras ✔
↗ Afirma a curimba <u>Xo</u>, → Xo, Xo, Xo ✔ ⎫
↗ Afirma a curimba <u>Xó</u>, → Xo, Xo, Xo ✔ ⎬ bis
⎭

(28)

→ Xangô, meu (pai), ilumina este congá ✔ ⎫
→ Para os filhos de Aruanda ✔ ⎬ bis
→ Que vêm nele trabalhar ✔ ⎭

→ Com a proteção de Xangô ✔
→ Vamos todos, saravá ✔
→ Aliviando a dor ✔ de quem vem neste congá ✔
→ Alivia as criaturas ✔ que lhe pedem proteção ✔
→ Aliviando a amargura ✔ deste pobre coração
↗ Xangô, meu pai ✔

(29)

→ A sua ma(<u>cha</u>)da ✔ <u>é</u> pesada,<u> é</u> de<u>mais</u> ✔   (bis)

→ Pedi a Zambi que o vento não sopre mais ✔ ⎫
→ Nossa senhora da Guia ✔ ⎬ bis
→ Que Xangô é nosso p<u>ai</u> ✔ ⎭

(30)

→ (Oxum) estava sentaada ✓ } bis
↗ Nas pedreiras de meu pai Xangô ✓

→ Oxum estava pensaando ✓ } bis
→ Meu pai Ogum ela chamou ✓

→ Ogum, aqui na Terra está difícil ✓ } bis
→ Oguum, vem salvar os nossos filhos ✓

(31)

→ O céu é ↗ (lindo) ✓ } bis
→ O mar também é ✓

↗ Aonde vai cachoeira ✓
↗ Vai derramaar ✓ } bis
→ Todas estas mirongas ✓
→ Lá no fundo do mar ✓

(32)

→ Minhas Ca(bo)clas, vamos trabalhar ✓ } bis
→ Pra ver a força que a Jurema tem ✓

↗ Sou da Jurema, salve a Jurema ✓ } bis
→ Ela é uma linda Cabocla de peenas ✓

(33)

→ Baiano che(gou) e ficou do lado de fo<u>ra</u> ✔
→ Baiano chegou e ficou do lado de fo<u>ra</u> ✔

→ Podem entrar todos os Baianos   ⎫
→ Venham saudar Nossa Senhora ✔   ⎬ bis
                                                         ⎭

(34)

→ Se ele é Bai(ano), agora que eu quero <u>ver</u> ✔
→ Dançar Catira no azeite de de<u>ndê</u> ✔

↗ Eu quero ver os Baianos de Aruanda ✔   ⎫
↗ Trabalhando na Umbanda ✔   ⎬ bis
↗ Pra Quimbanda não ve<u>ncer</u> ✔   ⎭

(35)

→ Baiano quebra (coco), quebra pau, ↗ serra ma<u>deira</u> ✔
→ Baiano quebra coco, quebra pau, ↗ serra ma<u>deira</u> ✔

↗ No terreiro de Baiano → não se aceita brincadeira ✔
↗ No terreiro de Baiano → não se aceita brincadeira ✔

(36)

→ Chegou aqui no ser (tão) ✔
→ Um cangaceiro arretado ✔
→ Um cabra macho danado ✔
→ É Virgulino, cuidado ✔
} bis

→ É Lampi, é Lampi, é Lampi
→ É Lampi, é Lampi, é Lampião ✔
↗ O seu nome é Virgulino
→ O apelido é Lampião ✔
} bis

(37)

→ Seu doutor não mal(trate) este nego ✔
→ Que este nego tem muito valor ✔
} bis

→ Ele usa camisa de seda
→ Gravata rendada e anel de doutor ✔
} bis

→ Seu doutor, seu doutor, ✔ bravo senhor ✔
→ Zé Pilantra chegou, ✔ bravo senhor ✔
→ Se você não queria, ✔ bravo senhor ✔
→ Para que lhe chamou, ✔ bravo senhor ✔
} bis

→ Ele é doutor, ✔ ele é Nagô ✔
→ Ele é doutor, ✔ ele é Nagô ✔
} bis

(38)

→ Na cidade das To(rri)nhas, sete portas se fechou ✔ (bis)
Com a fumaça ao contrário que Zé Pilintra soltou ✔ (bis)

→ Eu soltei periquito, eu soltei sabiá ✔ } bis
→ Eu virei macumbeiro de pernas pro ar ✔ (refrão)

↗ Quem foi que viu Zé Pilintra ✔ } bis
↗ Folgando pelo salão ✔

→ Com um copo de cachaça ✔ } bis
→ E o charuto aceso na mão ✔

↗ A cachaça só é boa feita da cana torta ✔ (bis)
→ Vocês bebem pelo vício ✔ } bis
→ Zé Pilintra porque gosta ✔

↗ Quem foi que viu Zé Pilintra ✔ } bis
↗ Vagando por este mundo ✔

→ Na boca de quem não presta ✔ } bis
→ Zé Pilintra é vagabundo ✔

↗ Quando eu nasci foi chorando ✔ } bis
↗ Sem ter leite pra mamar ✔

→ Mamei leite sete vacas na porteira do curral ✔ (bis)
(Refrão)

↗ Quem está batendo na porta ✔ } bis
↗ Quem nesta porta bateu ✔

→ É Jesus sacramentado ✔ } bis
→ Pois Zé Pilintra sou eu ✔
(Refrão)

(39)

→ A(go)ra pro seu morro vai su<u>bir</u> ✓
↗ Meu Deus, → ele já vai em<u>bora</u> ✓
→ Conversa de malandro não tem fim ✓
↗ Boa noite, meu senhor ✓
↗ Boa noite, se<u>nhora</u> ✓

(40)

→ Oi, príncipe (<u>meu</u>), oi, príncipe <u>teu</u> ✓ ⎫
→ Oi, príncipe <u>meu</u>, oi, príncipe <u>teu</u> ✓ ⎬ bis

→ Oi, bebe tu, oi, bebe ele ✓ ⎫
→ Oi, bebe ele, oi, bebe tu ✓ ⎬ bis

↗ Salve o rei, oi ⎫
→ Zé Pilintra sou eu ✓ ⎬ bis

(41)

↗ <u>E</u> pa(trão), eu também sei carreaar ✓ ⎫
→ <u>E</u> patrão, eu também sei carrear ✓ ⎬ bis

↗ Uma ruma de boi preto ✓ ⎫
↗ Outra ruma de boi tatá ✓ ⎬
→ Bota a canga no boi preto   ⎬ bis
→ Vou tocar canavial ✓ ⎭

Pontos Tocados nos Congos

A partir deste momento, começaremos a ver os pontos tocados nos Congos; falamos assim, porque temos diversas formas de tocar o Congo, cada uma com suas variações (Congo de Ouro, Congo de Ouro com Repiques e Arrebate de Congo, Congo Nagô, Congo de Caboclo e Congo de Caboclo Marcado). Cada um deles tem suas características, mas o que vale aqui é que todos esses toques usam o mesmo tempo e a mesma ginga que o Congo de Ouro.

O Congo de Ouro também é conhecido como Ketu ou Makulelê, o que nós não compartilhamos. Então, adotamos a forma que a maioria utiliza: Congo de Ouro.

É importante lembrar que teremos toques lentos e rápidos, sem esquecer de usar sempre a base do Congo, a ginga, o balanço.

Poderemos fazer qualquer variação deste livro ou outra que, porventura, vocês conheçam. Não tem problema; porém nunca devemos esquecer o balanço inicial, pois ele está relacionado à dança do Orixá.

Congo de Ouro

Mão esquerda　　　　　　　*Mão direita*

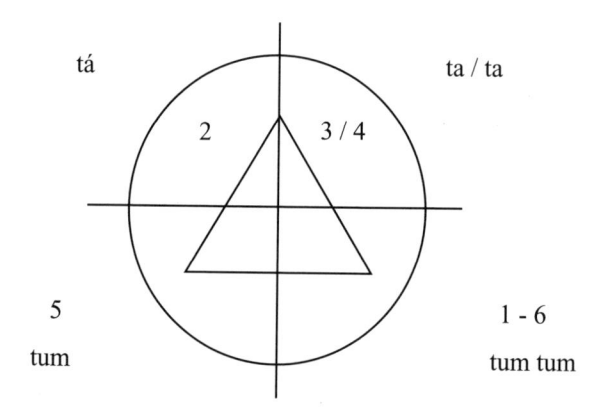

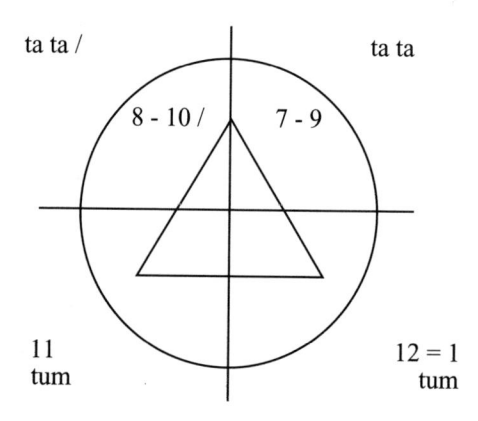

```
         tá                    ta / ta
            2        3 / 4

         5                     1 - 6
        tum                   tum tum


       ta ta /                 ta ta
           8 - 10 /    7 - 9

         11                    12 = 1
        tum                    tum
```

Falando fica assim:
Tum ta ta / ta tum tum ta ta ta ta / tum tum

1   2 3/ 4 5   6   7 8 9 10/ 11   12

Pontos Tocados nos Congos

Sequência do Congo de Ouro

Mão esquerda   *Mão direita*

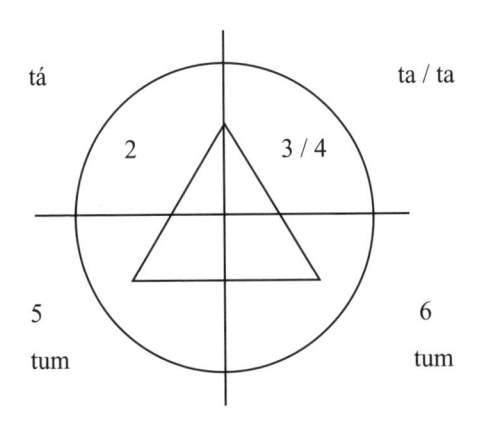

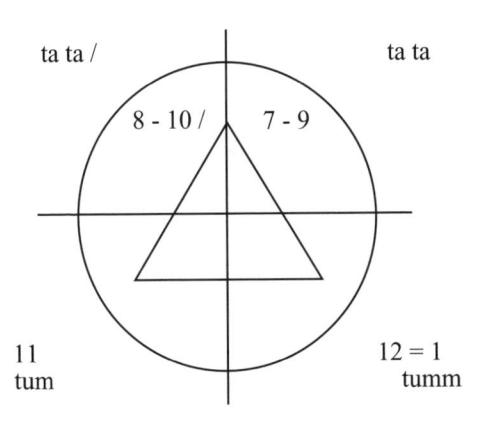

tá   ta / ta
   2   3 / 4

   5   6
  tum   tum

ta ta /   ta ta
  8 - 10 /   7 - 9

   11   12 = 1
  tum   tumm

Falando fica assim:
Ta ta pausa ta tum tum ta ta ta ta pausa tum tumm
Neste caso, o toque 12 já se torna o toque 1.

2 3 /   4 5 6 7 8 9 10 /   11   12 = 1

Encerramento do Toque

Mão esquerda *Mão direita*

2/   1/ 3/ 6/

5   4

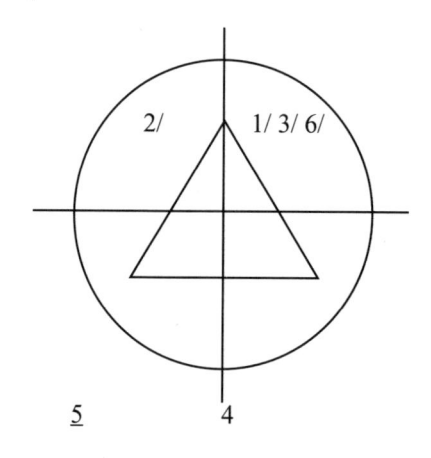

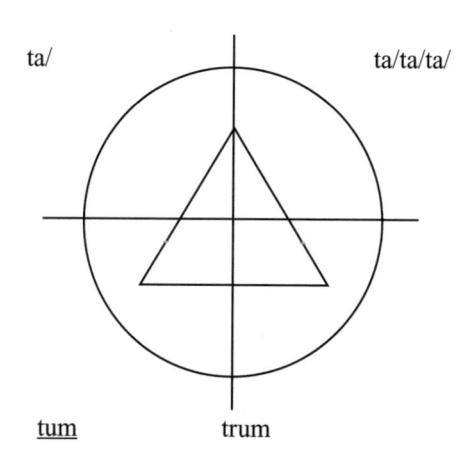

ta/   ta/ta/ta/

tum   trum

Falando fica assim:
Ta pausa ta pausa ta pausa trum tum ta pausa

1 / 2 / 3 / 4   5   6 /

Variações do Congo de Ouro

Podemos usar uma variação tocando a primeira parte do Congo de Ouro e a segunda parte do Angola.

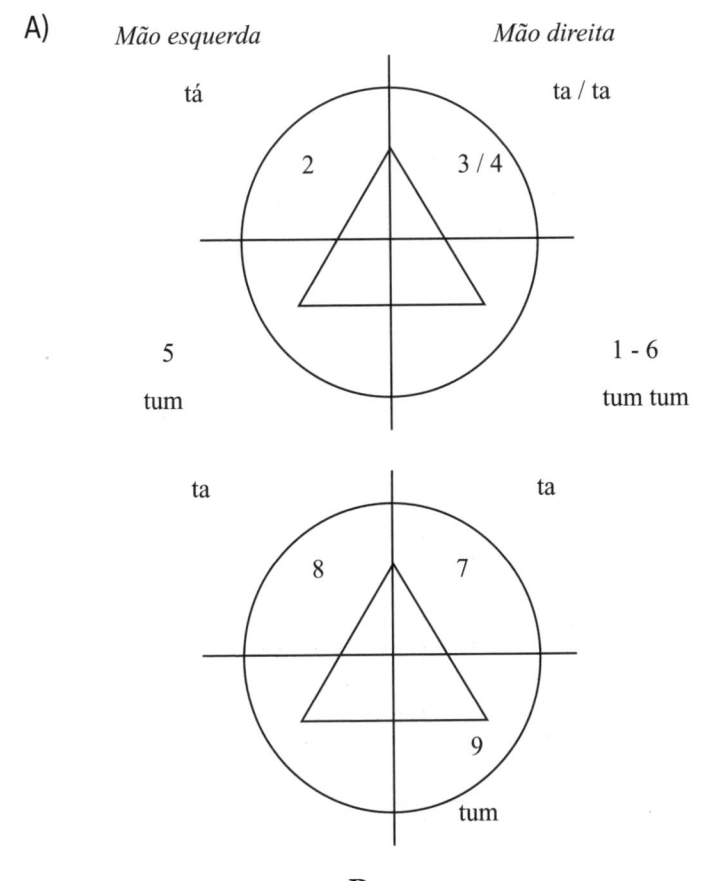

A)

Mão esquerda   *Mão direita*

tá   ta / ta
2   3 / 4

5   1 - 6
tum   tum tum

ta   ta
8   7

9
tum

Repique
Tum Trum Tum
11   10   12

Falando fica assim:

Tum ta ta pausa ta tum tum ta ta tum trum tum tum
1   2   3   /   4   5   6   7   8   9   10   11   12

B) Podemos usar uma variação tocando a primeira parte do Angola e a segunda parte do Congo de Ouro.

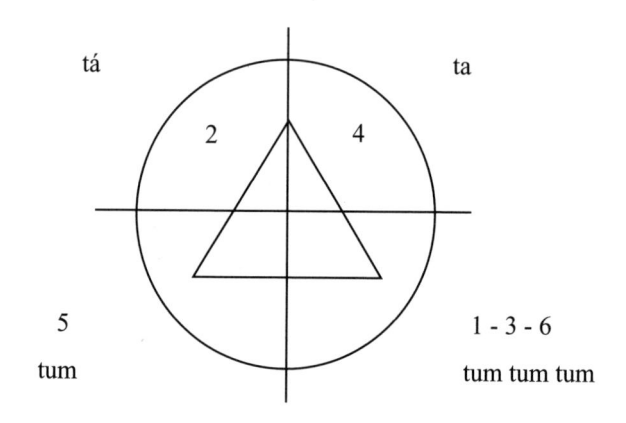

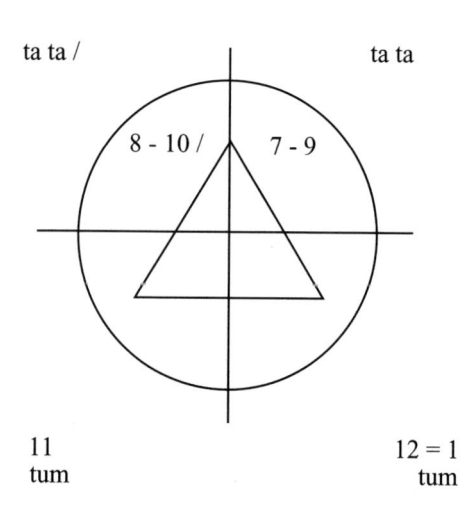

```
       tá                    ta
            2        4

    5                        1 - 3 - 6
   tum                       tum tum tum


     ta ta /                ta ta
           8 - 10 /   7 - 9


     11                     12 = 1
    tum                      tum
```

Falando fica assim:
Tum ta tum ta tum tum ta ta ta ta pausa tum tum
  1   2   3   4   5   6   7 8 9 10 /   11 12

Pontos Tocados nos Congos 59

C)

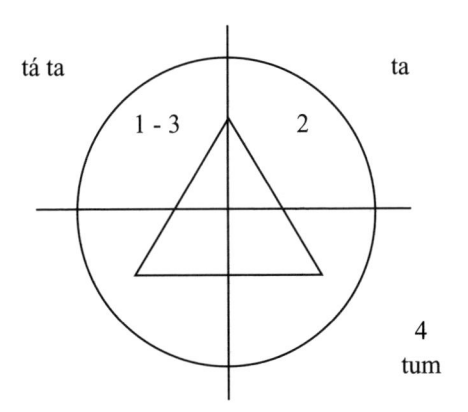

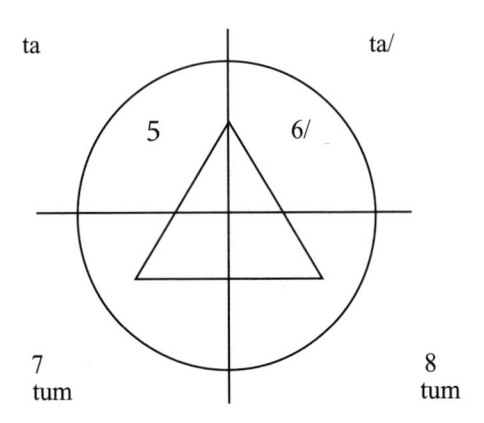

tá ta   ta
1 - 3   2
4
tum

ta   ta/
5   6/
7   8
tum   tum

Falando fica assim:
Ta ta ta tum ta ta pausa tum tum

1 2 3 4 5 6 / 7 8

Congo de Ouro com Repique

D)

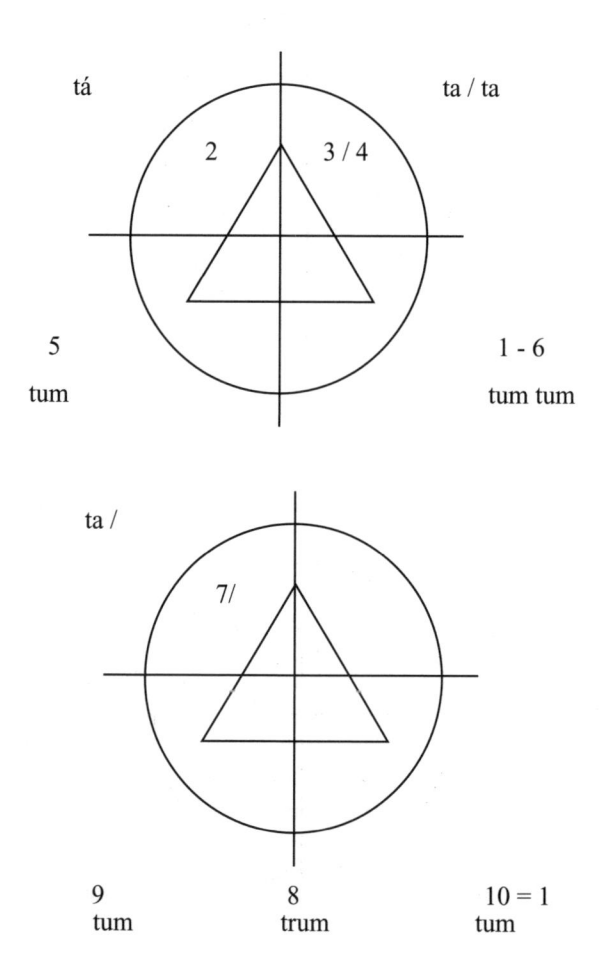

tá   ta / ta
2   3 / 4

5   1 - 6
tum   tum tum

ta /
7/

9   8   10 = 1
tum   trum   tum

Falando fica assim:
Tum ta ta pausa ta tum tum ta pausa trum tum tum

1   2 3 /   4 5   6 7 /   8   9   10

Arrebate de Congo

O Arrebate de Congo é tocado no mesmo tempo musical, na mesma ginga do Congo de Ouro, utilizando os mesmos contratempos e repiques do congo; não é um toque para se levar o ponto inteiro, mas partes do ponto, usando como variação. O encerramento é o mesmo do Congo de Ouro.

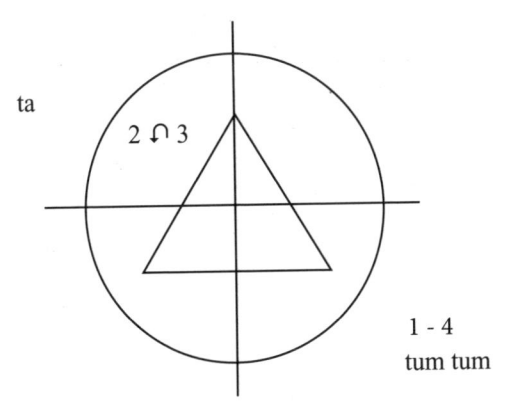

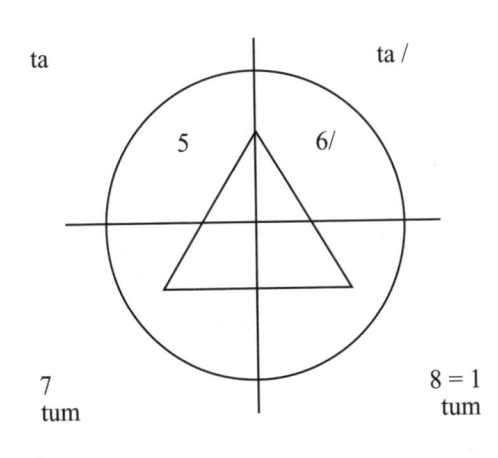

ta

2 ∩ 3

1 - 4
tum tum

ta   ta /

5   6/

7   8 = 1
tum   tum

Falando fica assim:
Tum ta pausa ta tum ta ta pausa tum tum

1 2 / 3 4 5 6 / 7 8

Arrebate de Congo

A)

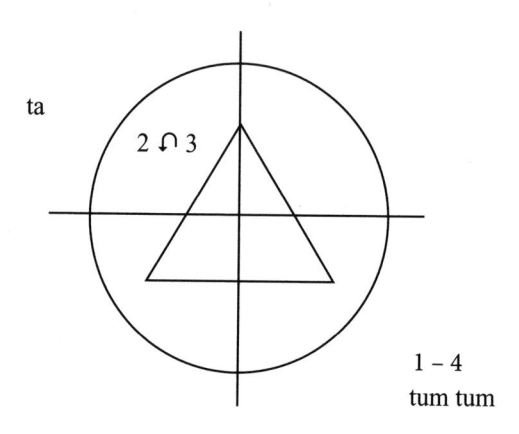

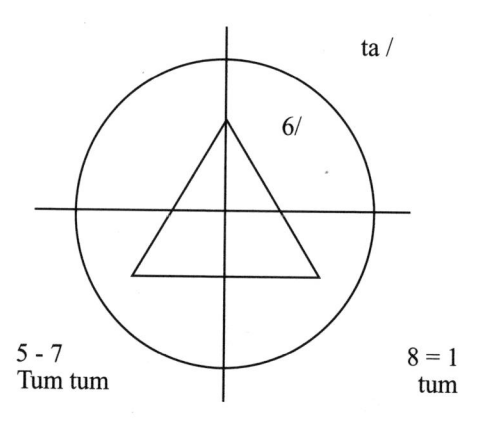

ta
2 ∩ 3

1 – 4
tum tum

ta /
6/

5 - 7
Tum tum

8 = 1
tum

Falando fica assim
Tum ta pausa ta tum tum ta pausa tum tum

1   2 ∩   3   4   5   6   /   7   8

Arrebate de Congo com Repique

B)

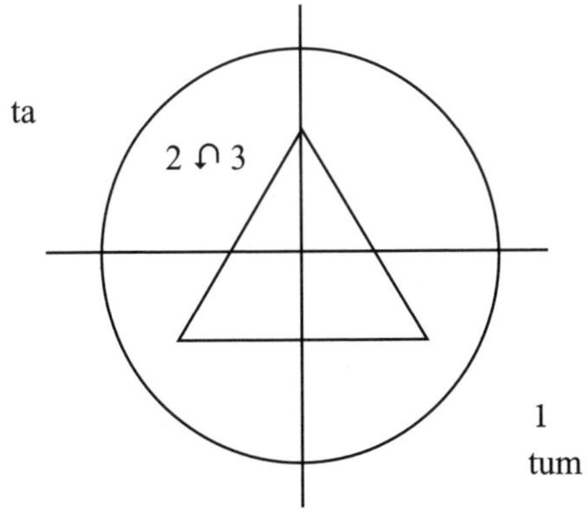
ta
2 ∩ 3
1
tum

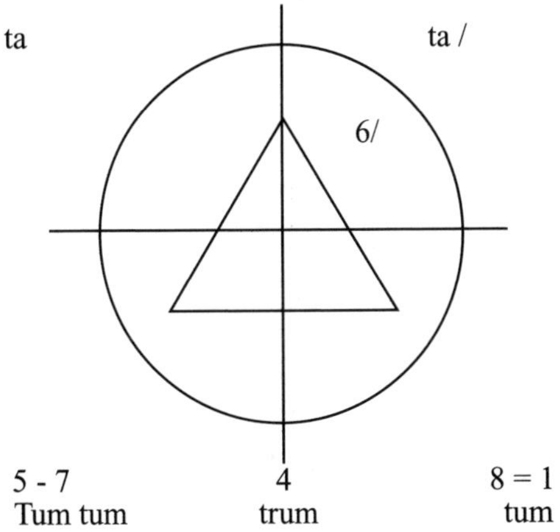
ta
ta /
6/
5 - 7
Tum tum
4
trum
8 = 1
tum

Falando fica assim:
Tum ta pausa ta trum tum ta pausa tum tum
1 2 ∩ 3 4 5 6 / 7 8

Congo Nagô

O Congo Nagô é um toque igual ao Congo de Ouro, porém mudando a segunda parte; trocamos dois toques por uma pausa para mantermos o mesmo tempo musical e a mesma ginga. Durante os cantos dos pontos, o ideal é ficar variando de um toque para outro.

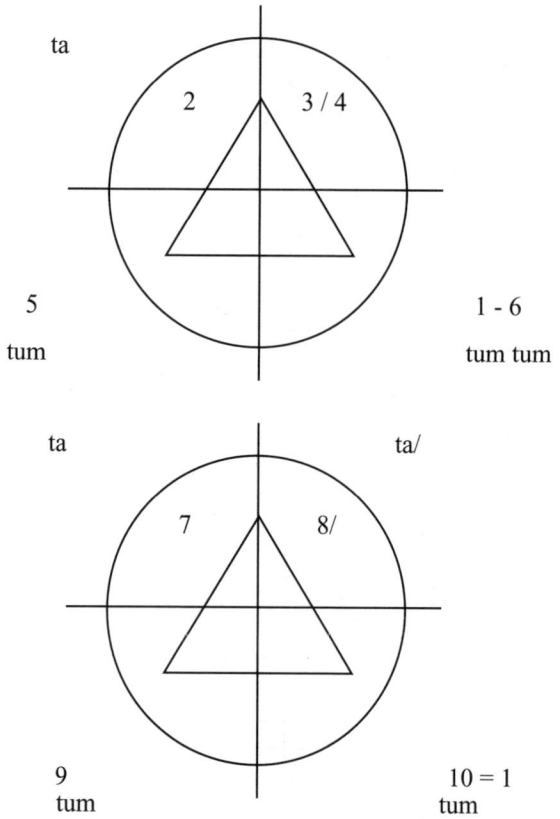

```
         ta
              2    3 / 4


   5                      1 - 6
   tum                    tum tum


         ta          ta/
              7    8/


   9                      10 = 1
   tum                    tum
```

Neste caso, o toque 10 já é o 1.

Falando fica assim:
Tum ta ta pausa ta tum tum ta ta pausa tum tum
  1   2 3   /   4   5   6 7 8   /   9   10

Congo de Caboclo

O Congo de Caboclo é tocado no mesmo tempo musical, na mesma ginga do Congo Nagô, utilizando os mesmos contratempos; não é um toque para se levar o ponto inteiro, mas parte do ponto, usando como variação. Neste toque o que muda é o início, permanecendo o final igual ao Congo Nagô. O encerramento é o mesmo do Congo de Ouro.

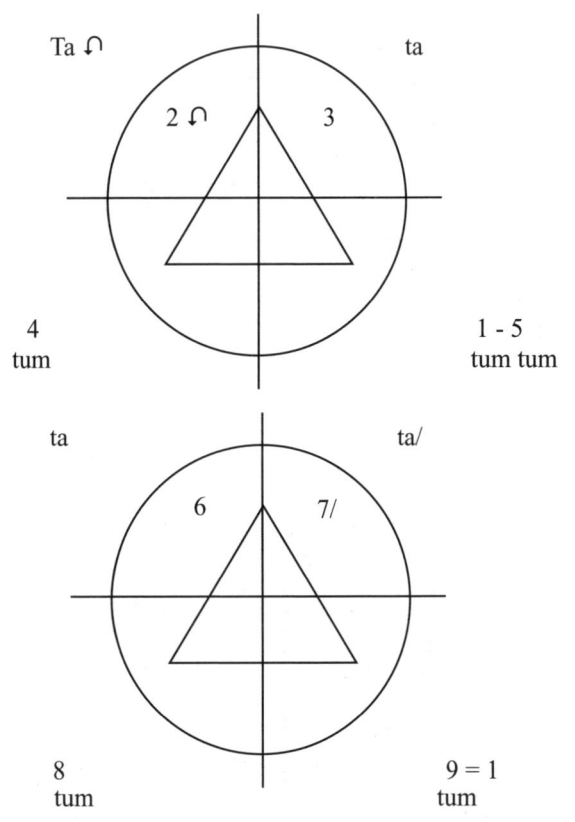

```
         Ta ∩              ta
              2 ∩      3

         4                1 - 5
         tum              tum tum


          ta              ta/
              6        7/

         8                9 = 1
         tum              tum
```

Falando fica assim:
Tum ta pausa ta tum tum ta ta pausa tum tum

   1 2 ∩ 3 4 5 6 7 / 8 9

Congo de Caboclo Marcado

O Congo Caboclo Marcado é um toque igual ao Congo de Caboclo, porém mudando a segunda parte; trocamos dois toques por uma pausa para mantermos o mesmo tempo musical e a mesma ginga. Durante os cantos dos pontos, o ideal é ficar variando de um toque para outro.

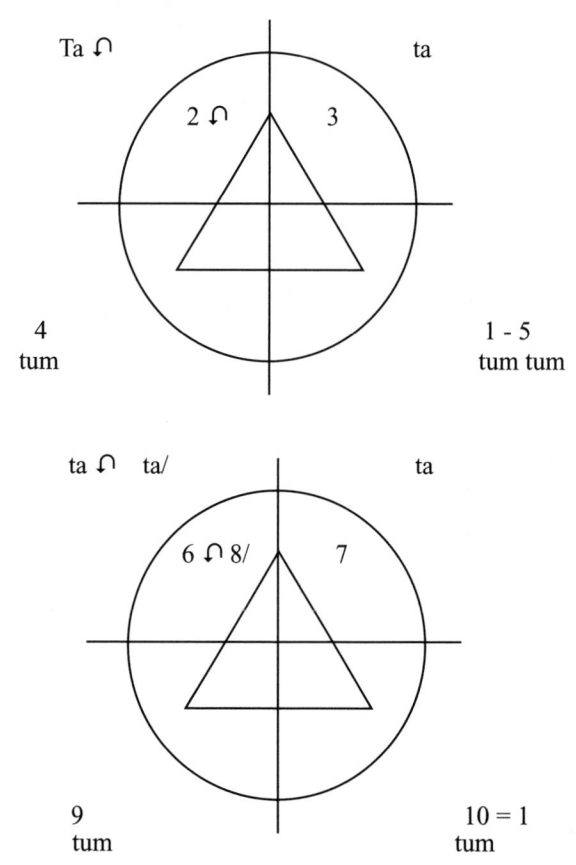

Falando fica assim:
Tum ta pausa ta tum tum ta pausa ta ta pausa tum tum

   1 2 ∩ 3 4 5 6 / 7 8 / 9 10

Pontos Cantados nos Congos

A partir deste momento, começaremos a ver os pontos cantados nos Congos com variações (Congo de Ouro, Congo de Ouro com Repiques e Arrebate de Congo, Congo Nagô, Congo de Caboclo e Congo de Caboclo Marcado). É importante lembrar que teremos pontos lentos e rápidos, mas nunca poderemos nos esquecer de usar sempre a base do Congo, a ginga, o balanço.

Poderemos fazer qualquer variação deste livro ou outra que vocês saibam, não há inconveniente; o que nunca devemos esquecer é o balanço inicial, pois ele está relacionado à dança do Orixá.

(42)

↗ Que fuma(cei)ro é aquele na Jurema ✓ ⎫
↗ É o meu Pai Oxóssi defumando seu conga ✓ ⎭ bis

↗ Defuma e e e e e ✓ ⎫
→ Defuma a a a a ✓ ⎭ bis

(43)
(Ivanila Santos)

→ Bate cabeça com ↗ (fé) ✓ ⎫
→ Pedi à Baiana pra te colocar de pé ✓ ⎭ bis

→ É só clamar, é só ter fé, ↗ é só pedir ✓ ⎫
→ Que a maldade vai começar a cair ✓ ⎭ bis

(44)
Aldeia de Caboclo CD – Casa de Lei

↗ A Lua bri(lhoou), anoiteceu ✓ ⎫
↗ E nesta hora eu vi o rei se aproximar ✓ ⎭ bis

→ Seu Treme Terra Malele Omojubá ✓ ⎫
→ Seu Treme Terra Malele Omojubá ✓ ⎭ bis

(45)

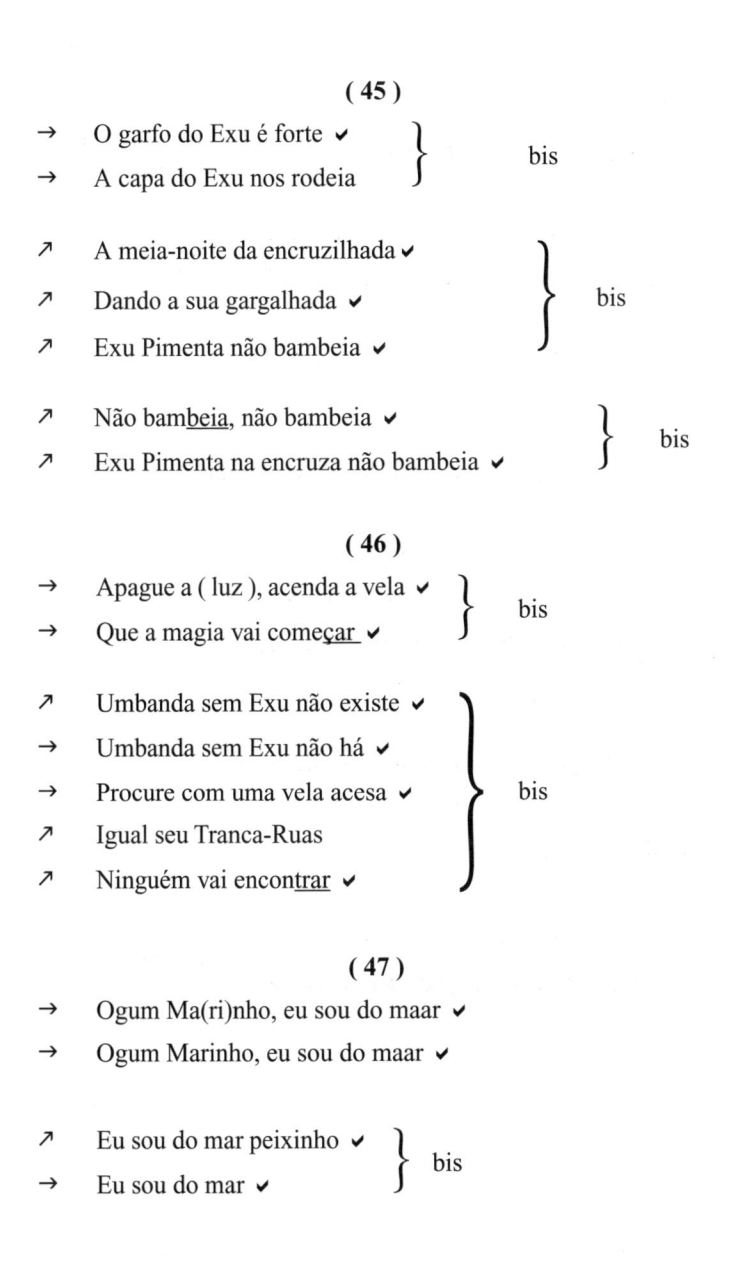

→ O garfo do Exu é forte ✓ ⎫
→ A capa do Exu nos rodeia ⎭ bis

↗ A meia-noite da encruzilhada ✓ ⎫
↗ Dando a sua gargalhada ✓ ⎬ bis
↗ Exu Pimenta não bambeia ✓ ⎭

↗ Não bam<u>beia</u>, não bambeia ✓ ⎫
↗ Exu Pimenta na encruza não bambeia ✓ ⎭ bis

(46)

→ Apague a (luz), acenda a vela ✓ ⎫
→ Que a magia vai come<u>çar</u> ✓ ⎭ bis

↗ Umbanda sem Exu não existe ✓ ⎫
→ Umbanda sem Exu não há ✓ ⎪
→ Procure com uma vela acesa ✓ ⎬ bis
↗ Igual seu Tranca-Ruas ⎪
↗ Ninguém vai encon<u>trar</u> ✓ ⎭

(47)

→ Ogum Ma(ri)nho, eu sou do maar ✓
→ Ogum Marinho, eu sou do maar ✓

↗ Eu sou do mar peixinho ✓ ⎫
→ Eu sou do mar ✓ ⎭ bis

(48)

↗ Ogum, cavaleiro de Aruanda auê {bis}   { Esta parte canta só para iniciar }

→ Em seu cavalo branco, ✓ de espada na mão ✓
↗ Com lança escudo ele venceu o dragão ✓   } bis

↗ Ogum, Ogum Megê e ✓ Ogum, Ogum de Le ei
↗ Ogum, Ogum meu pai / ✓

→ Quem é filho de fé balanceia, mas não cai ✓ {bis}

(49)

→ Ogum já ven(ceu), já venceu, já venceu ✓
→ Nos campos de batalha com Ogum só Deus ✓

(50)

→ Quem pode (pode) com as folhas da Jurema ✓
↗ Que atira as flechas muito mais ✓
↗ Que além do mar ✓

↗ Mas ela é uma Cabocla de pena ✓
→ É a Cabocla Iracema, dona do seu Jacutá ✓   } bis

(51)

→ Se ele é Ca(bo)clo que só veste penas ✔ ⎫
↗ Lá na Jurema ele viveu tam<u>bém</u> ✔ ⎭ bis

↗ Eu só queria que Jesus ⎫
↗ Me desse, meus irmãos ✔ ⎬ bis
→ A força que a Jurema <u>tem</u> ✔ ⎭

(52)

→ Em seu cavalo (corre)
→ Sua espada reluz ✔
→ Sua bandeira cobre
→ Todos os filhos de Jesus ✔

→ Em seu cavalo corre
↗ Sua Espada reluz ✔

↗ Auê Ogum Yara ✔ ⎫
→ Aos pés da Santa Cruz ✔ ⎭ bis

(53)

→ Oi, viva, Xangô, relâmpago e caracol ✔
→ Santa Bárbara Virgem
→ Xangô não anda só ✔

(54)
(André de Oxóssi)

→ Kao (oo) Kao oo oo Kao oo Kao oo oo ✓ } bis
→ Kaô Xangô, Kaô Xangô ✓

↗ Estrela Guia lá no infinito ✓
↗ Ilumine a casa de Xangô ✓
↗ Kaô Cabecilê, meu pai é Xangô ✓
↗ Kaô Cabecile, ✓
→ Meu pai é Xangô ✓

→ Kao oo Kao oo oo Kao oo Kao oo oo ✓ } bis
→ Kaô Xangô, Kaô Xangô ✓

→ É raio, corisco e trovão ✓
→ É força, justiça e paz ✓
→ É pedra que brota do chão ✓
↗ Valei-me, Xangô é meu pai ✓

↗ Kaô Cabecile, Xangô é meu pai ✓
↗ Kaô Cabecile, Xangô é meu pai ✓

(55)
→ Xangô é um co(ris)co que nasceu na trovoada ✓ (bis)

→ Ele deita na pedreira, levanta de madrugada ✓ (bis)

(56)

↗ O Zazi (ê) → O Zazi aa ✓ ⎫
↗ O Zazi e, maiangole maiangola ✓ ⎬ bis
　　　　　　　　　　　　　　　　⎭

→ Ele é Batujejé, é o rei de Yorubá ✓ ⎫
→ Rolam as pedras na pedreira ✓ ⎬ bis
→ Quero ver pedra rolar ✓ ⎭

(57)
(Pai José Valdevino da Silva)

→ Estava sen(tado) lá no alto da pedreira ✓
→ Olhando as cachoeiras, as matas e o ↗ mar ✓
→ Iemanjá estava arrumando seu vestido ✓
→ Xangô lhe deu um grito ✓
→ Oxum vai levantar ✓

→ Aieieio, ↗ Oxum vai levantar ✓ ⎫
→ Aieieio, Oxum vai levantar ✓ ⎬ bis

↗ Nas matas virgens, Oxóssi assoviou o ou ✓

→ Aieieio, ↗ Oxum já levantou ✓ ⎫
→ Aieieio, Oxum já levantou ✓ ⎬ bis

(58)

(Pai José Valdevino da Silva)

→ Brilhou a estrela matutina ✔
→ Rolaram pedras de Xangô ✔
↗ Quem será esta menina ✔
↗ Que a Lua iluminou ✔

↗ Canta no clarão da Lua ✔
↗ Dança no calor do Sol ✔
→ Todo ouro se ilumina
→ Pra saldar Oxum Menina ✔
→ Pois Oxum é mãe maior ✔

→ Saravá / ↗ Oxum Menina ✔ ⎫
→ Oxum é mãe maior ✔ ⎬ bis
                                     ⎭

↗ Saravá Oxum Menina ✔
→ Oxum é mãe maior ✔
→ Oraieieo ✔

↗ O oo oo oo → oo oo ✔
↗ O oo oo oo → oo oo ✔

↗ Oxum aieieo → Oxum aieieoo ✔
↗ Oxum aieieo → Oxum aieieoo ✔
→ Aieieo Oxum, → Oxum aieieo ✔
→ Aieieo Oxum → Oxum aieieo ✔

(59)

↗ Petilu(oo) Petiluô / → Iemanjá Sefá ✓ ⎫
→ Petiluô Petiluô / Iemanjá Sefá ✓ ⎭ bis

→ Xangô Iemanjá, Iemanjá quele quele ✓ ⎫
↗ Ela pega é pra gira, ela pega é pra girar ✓ ⎭ bis

(60)

→ Iemanjá, cadê (Ogum) ✓
→ Foi com Oxóssi ao rio de Jordão ✓
→ Foram saudar São João Batista ✓
↗ E batizar Cosme e Damião ✓

(61)
(Ivanila Santos)

→ É hora, é hora, é (hora) ✓ ⎫ bis
→ Chegou a hora de bater tambor ✓ ⎭ refrão

↗ Ele vem vindo, vem trazendo seu mistério ✓
↗ Ele é um negro sério, ele vem pra trabalhar ✓
↗ Quebra demanda com sua força e magia ✓
↗ Tira a feitiçaria → de quem vem nos derrubar ✓

(Refrão)

↗ Ele é guerreiro, é meu mestre curandeiro ✓
↗ Ele é catimbozeiro, ele vem nos ajudar ✓
↗ Com seu encanto, sua luz traz alegria ✓
↗ Ele é seu Zé Pilintra → ele é do juremá ✓

(62)

→ Boa (noite) pra quem é de boa no<u>ite</u> ✔ } bis
→ Bom dia pra quem é de bom <u>dia</u> ✔

→ A bênção, meu papai, a bên<u>ção</u> ✔ } bis
→ Seu Zé Pilintra é o rei da boê<u>mia</u> ✔

(63)

↗ Ogum (O<u>yá</u>), Ogum Oyá é de Me<u>nê</u> ✔   (bis)

↗ Ogum O<u>yá</u> é de Menê ✔ } bis
↗ Patacori é de Menê ✔

(64)

↗ Oxóssi é caça(dor) nas matas da Marambaia ✔ (bis)

→ No centro da mata virgem ✔ } bis
→ Vai quebrando a Sapucaia ✔

→ Malha Caboclo, malha ✔ } bis
↗ Você malha, eu quero <u>ver</u> ✔

↗ Vai quebrando a Sapucaia ✔ } bis
→ Vai tirando seu Dendê ✔

(65)

↗ É congo (ê), é congo a ✔
↗ É congo ê, é congo de abassa ✔

(66)

↗ Aê (aê), a minha Angola ✔
↗ Aê aêe, meu Angolá ✔

(67)

↗ Quando os (raios) cruzam o ar ✔ } bis
↗ Não é a terra, nem o mar ✔

↗ É Iansã, rainha do tempo ✔ } bis
↗ Trazendo os ventos para limpar ✔

↗ Ventou, ventou, ventou no mar ✔ } bis
↗ Ventou, ventou neste abassá ✔

(68)

→ Seu Mata Virgem nasceu lá nas matas ✓ } bis
→ Se criou lá nas matas, nas matas reais ✓

→ Le Le Le re, Le Le Le rá / ✓
→ Ele é filho de Bartira   } bis
→ Neto de Tupinambá ✓

→ Bartira é sua mãe, ✓
↗ Seu pai é Aymoré ✓   } bis

↗ É mano de Mata Serrada, pai de Mata Real ✓
→ Seu Mata Virgem é ✓
→ Fugitivo da Guaranaia ✓
→ Com Jacira, mulher do Pajé ✓

↗ Seu Mata Virgem é rei nas matas ✓
↗ Ele é chefe da tribo dos Aymorés ✓

→ Aymoré, moré, moré, Aymoré, moré, moré ✓
→ Aymoré, moré, moré ↗ sou eu ✓

→ Aymoré, moré, moré, Aymoré, moré, moré ✓
→ Aymoré, moré, moré ↘ sou eu ✓

(69)
(Ivanila Santos)

→ Cacique (velho) de pena branca ✓
→ Me diz de onde que você ↗ vem ✓
→ Venho ✓ da terra da Jurema ✓
→ Venho de Zambi praticar o bem ✓
→ Seu Pena Branca, qual é o caminho ✓
↗ Pra ir a Zambi, diz por ↗ favor ✓

↗ Vai pela estrada da fraternidade ✓ } bis
↗ Paz e bondade, justiça e amor ✓

↗ Mas, olha que alegria,
↗ Ele vem chegando agora ✓
↗ Ele vem na fé de Zambi   } bis
↗ De Nossa Senhora ✓

(70)
(Ivanila Santos)

↗ Deu meia (noite), é noite de Lua Cheia ✓ (bis)
→ Clareia o cemitério a Lua Cheia, clareia ✓ (bis)
↗ Eu encontrei um galo no meu caminho ✓ (bis)

→ Quem anda com Sete Cruzes } bis
→ Nunca caminha sozinho ✓

(71)

→ Sindole(le) auê Cau<u>iza</u> ✓
→ Sindolele seu sangue é real ✓
→ Mas se é filho, eu sou neto da Jurema ✓
→ Sindolele auê Cauiza ✓
} bis

→ Cauiza, ele é um rei, ↗ é Orixáa ✓
→ Cauiza, ele é um Tata, é Orixá ✓
} bis

(72)

↗ Nasceu nas (matas)
↗ Das matas não tenho medo ✓
} bis

↗ Nasceu nas matas debaixo do arvoredo ✓ (bis)

→ Seu Pena Branca que nasceu na Jurema ✓
→ Mãe Oxum apanhou e ajudou a criar ✓
} bis

↗ Mas ele é um rei caçador ✓
→ Ele é filho da Sinda e da Cobra Coral ✓
} bis

→ <u>Oh</u> Cauiza, <u>oh</u> Cauiza ✓ (bis)

(73)

Este ponto era cantado no terreiro de Pai Jaú – 1958

→ A Lua quando (nasce) ✓
→ E vem rompendo a aurora, ✓
→ Clareia uma choupana, ✓
→ Onde Oxóssi mora, ✓
} bis

↗ E clar<u>eou</u>, clareou, ✓
↗ Uma choupana onde Oxóssi mora ✓
} bis